まるごと入門

障害児の人格を育てる
放課後実践

村岡真治

全障研出版部

はじめに
放課後活動の魅力——悩みを抱えつつも、可能性を拓く喜び

＊素人からの出発

今から40年前の１９７８年。私は、都心にある大学の外国語学部に入学した。あるとき、先輩の学生に誘われた。「小平市で、障害児のボランティア活動を始めたので、参加しないか」。

（小平って、どこ?）。私は、山口県の出身。当時は横浜市に住んでいた。

（障害児って、車イスでも押すのかな?）。「障害児」についても無知だった。

試しに参加して驚いた。数人いた子どもたちは、みんな走り回っていたからだ。私は、「知的発達の遅れ」「自閉症」という障害を初めて知った。

この活動は、障害のある子どもの放課後保障を目的にしていた。４人の子どもと、５人のボランティアが、遊びの会を行ったことから始まった。名称は、「めざす会子どもクラブ」。

私は活動中、光彦（小１。自閉症）を担当することが多かった。

光彦は、屋外を走りつづける。ビール瓶を拾っては表面をなで回す。私は、光彦を見失わないよ

うに、あとを追って走るばかり。

だが、ある日、光彦は、私の手を引いて、棚の前に連れていった。（棚の上に置いてあるラジカセを取れ！）と言うのだ。初めて気持ちが通い合う思いがした。

母親が私に話す。「光彦は何度も、家から抜け出して迷子になりました。でも、放課後活動のあった日は、帰宅してから落ち着いているんです」。

家庭や学校以外の場所でも、自分の気持ちを他者に向ける。1日の生活に、自分なりにメリハリをつける―。

（子どもは、生活のありようが変われば、大きく変わるんだ！）。私は、放課後活動の大切さを実感した。

私たちは、今後について話し合った。「ボランティア活動では限界がある。ゆくゆくは職員を置きたい。補助金を求めて運動しよう」。

私たちは、親とともに、補助金を求めて市に出向いた。だが、対応は素っ気なかった。「学校にお金を出しているのに、どうして放課後までお金を出さないといけないのか」。

私は、障害のある子どもをもつ年輩の母親から叱られたこともある。「子どもは親が育てるもの。みなさんがしていることは、若い親を甘やかす」。

放課後活動は、補助金を出すほどの問題ではない。子育ての妨げになる―。そんな、当時の〝常識〟があった。放課後活動の必要性を社会に訴えることは、勇気とエネルギーを要することだった。

「小平」も「障害」も知らず、まったくの素人から出発した私は、こうして、障害のある子どもの問題にかかわりはじめた。

＊要求を掘り起こす

「めざす会」は、正式には、「障害者の権利を守り、生活の向上をめざす会」と称した。「障害者の総合的な権利保障」を掲げる市民団体で、１９７３年に結成。障害のある人、家族、教員、保健所職員、福祉行政職員など、さまざまな関係者が集っていた。子どもクラブは、この会の活動のひとつとして位置づけられていた。

会では、しばしば、「要求を掘り起こす」ことが議論された。

例えば、会は結成当初、在宅を余儀なくされている、障害のある人の生活実態をつかもうと、市内の８５０人を対象に、郵送による調査を行った。２次調査では、養護学校の教員が、夏休みに聞き取りを行った。学生などとともに２人１組になって、１次調査で回答があった２２３件を訪問した。

だが、家族に、「そんな人はいません」と言われて、調査員が追い返されたりもした。

けれども、調査員が帰るとき、庭に回ってみると、本来であれば養護学校に就学してもいい年齢の子が、真っ白い肌のまま、裸で縁側にいるのが見えた、ということもあった。

障害のある人を隠さざるをえない、社会の偏見が残っていた。その背景には、社会的な条件整備の遅れがあった。養護学校は、まだ義務化されていなかった（1979年、義務化）。

そんななか、障害児教育では、関係者の粘り強い運動によって、1974年（全国に先駆けること5年）、東京で、障害のある子どもの全員就学が実現した。美濃部・革新都知事のときだった。

そして、在宅でいる、障害のある人のうち34人が、「働く場」を求めていることがわかった。「あさやけ作業所」など、共同作業所づくり運動が展開された。

さらに、会には、「障害児の放課後や夏休みの生活が、貧困な過ごし方になっている」という悩みも寄せられていた。母親と2人きりで家に閉じこもっている。テレビをつけっぱなしにして、おやつを食べているばかり…。子どもクラブは、こうした声に応えて発足したのだった。

＊ニーズは、実践・運動で社会に定着

1979年、子どもクラブが行った市議会請願が採択された。東京都から、年間260万円の補助金が交付された。私たちは、安いアパートを借りて、電話を引き、事務所とした。

私は、アルバイト専従者になった。週に数回、大学の授業後、事務所で電話かけや事務をした。

そして、大学卒業後はいったん、英語の教員になった。だが、放課後活動の意義を知りながら、それを放置して、別の道を歩む自分が心苦しかった。

1986年、あらためて、子どもクラブの職員になった。「めざす会子どもクラブ」は、「ゆうやけ子どもクラブ」（以下、ゆうやけ）に改称した。

40年前、たった4人の子どもから始まったゆうやけは現在、第2子どもクラブ・第3子どもクラブを含めて（3事業所ともに20人定員）、80人近くの登録児と、8人の常勤職員、30数人の非常勤職員から構成されている。

障害者の見方は、その時代と深くかかわっている。たとえば、障害のある人は、社会生活が制限されても仕方ない。障害のある子どもの放課後活動は、それほど必要ない…。

だからこそ、人間らしく生きる権利に照らして、ニーズを「掘り起こす」。あるいは、実践を積み上げて、子どもの新しい発達の姿をつくりだす。それらを通して、いっそう、（こうあったらい い）というニーズを育てる。そして、こうしたニーズの高まりにもとづいて運動を展開するとき、新たな制度を生み出しうる。たとえば2012年、国レベルで、「放課後等デイサービス」という制度がつくられた。放課後活動に参加する子どもと、そこで働く職員は爆発的に増えている。

以前は、一部の人のものと見えた、放課後活動へのニーズが、今や新しい常識として定着しつつある。さらに現在、制度や実践のあり方が問われる段階に至っている（第3部を参照）。

子どもは、光彦のように、生活のあり方や実践によって劇的に変わっていく。社会も、きのうまでの〝常識〟がくつがえるほど変化する。そして、素人だった私自身も、職員になるほど成長できた―。私たちの放課後活動は、そうした、人間と社会の可能性を切り拓いていく、深い魅力を秘めているのではないか。

目次

子どもクラブの最初の事務所
（2階右端の部屋）

カバーデザイン　永野徹子

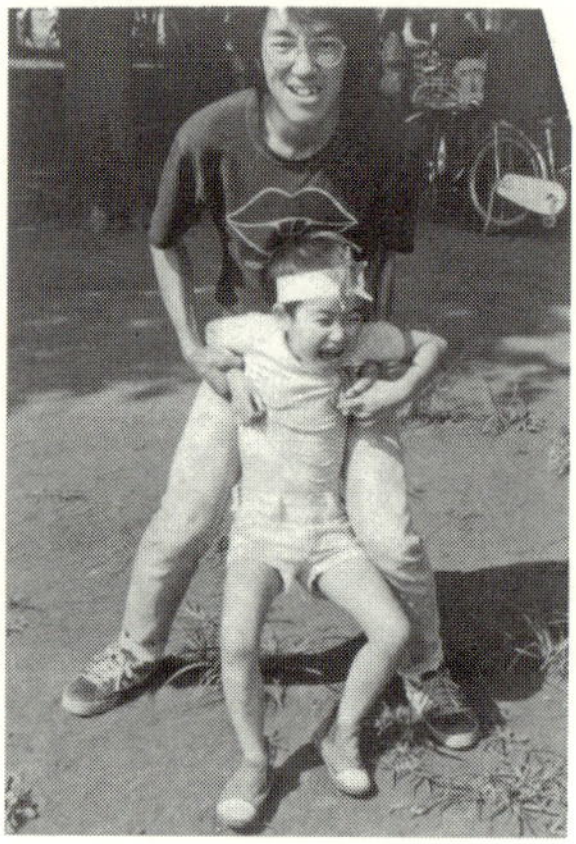

光彦と筆者

【第1部】

ここからはじめる!!
放課後活動 Q&A

父母会学習会

Q1

子どもの〝問題行動〟にどう対応すればいいの?

子どもが人を叩くなど困っています。「叩かせるとクセになる」「ダメなことはダメと、毅然として対応すべきだ」と言う人もいます。どうしたらいいでしょうか?

A

たしかに、「叩く」行動を止めることは、当面の対応として必要でしょう。しかし、止めようとすればするほど、こだわりを強めてしまうかもしれません。叩いてくる行動によって、「この子がなにを訴えようとしているのか」に注目することが大事です。

ポイント1 〝問題行動〟の内側にひそむ、その子の本当のねがいをさぐる

夏休み活動での昼食。敏郎は、自分の弁当を食べ終えると、すぐに立ち上がる。ほかの人が食べている弁当に、横から手を突っ込む。大好きなカラアゲがほしいのだ。

私は、あわてて敏郎の手を押さえて止める。すると敏郎は、怒りだして、私を思いきり叩いてくる。止めれば叩く。かと言って、放っておくわけにもいかない。

(ひとまず、敏郎の、カラアゲがほしいという気持ちは受け止めよう)。

私は敏郎に、空になった、自分の弁当箱を持たせる。(ここにカラアゲを入れてください)と頼

みにいかせるためだ。

「お願いしてみよう」。敏郎を、職員の久保のところに連れていく。

話せない敏郎の代わりに、私が「お願い」する。「そのカラアゲを、ほんの少し分けていただけないでしょうか」。

「敏郎もお願いしたら」。私が促すと、敏郎はペコリとおじぎをする。久保は、カラアゲを少しだけ割って、敏郎の弁当箱に入れてくれる。

職員の山下のところにも行く。山下は、わざとじらす。「うーん、どうしようかなあ」。

私は敏郎にすすめる。「肩でも揉んであげたら?」。敏郎は、山下の肩に片手をあてて、指を動かす。山下もカラアゲを少し分けてくれる。

こんなやりとりを数回繰り返した。すると敏郎は、まだ弁当を食べている人がいても、食べ物を取ろうとしなくなる。

実際にもらったカラアゲの量は少し。だが、(気持ちを受け止めてもらえた)という満足感があるからだろう。

(自分の思いをわかってほしいのに、わかってもらえない)。敏郎は、そんな葛藤を抱いていたのではないか。それが、カラアゲを取るのを止めたとき、〝荒れ〟として表れたにちがいない。

だが、他者と気持ちをやりとりする機会が増えることで、自分の思いをコントロールすることも増えていった。

子どもの思いを知ろうとすることなく、きびしく止めるだけでは、その子の気持ちは置き去りにされてしまいます。場合によっては、〝問題行動〟をこじらせてしまうかもしれません。

言うまでもなく私たちは、子どもの言い分を、そのまま「受け入れる」必要はありません。思いを「受け止める」ところから出発することが大事です。

〝問題行動〟への対応は、その行動の内側にひそむ、その子の本当のねがいをさぐることから始めたいものです。

ポイント2 手がかかる子も、内面がわかるとき愛おしくなる

後日、敏郎と私とのあいだに、こんな出来事がありました。

夏合宿（2泊3日。山梨県）でのハイキング。宿泊先の山荘から「まきば公園」までの5キロを、みんなで歩く。行きは、なだらかな上り坂が続く。

私は、途中まで歩いたら、山荘に引き返すつもりだった。体調を崩す子どもが出た場合に備えて、山荘からクルマで公園へ向かうために。

だが、子どもによっては、私が山荘に戻るのに気づくと、わざと歩かない。（クルマに乗せても

らえる）と思うからだ。そのため、ハイキングの最中、だれにもわからないように姿を消すのがコツだった。

ところが敏郎は、列の最後尾をトボトボ歩いている。私は、そのうしろを歩きながら、少しずつ間合いを広げようとしていた。

そして、まさに体の向きを変えて戻ろうとした瞬間、敏郎が私のほうを振り向いた。しかも、私のところに駆け寄ってくる。

（まずい！　このままでは、山荘まで着いてきてしまう。ここは、ひと芝居打つしかないか）。

私はとっさに、お腹を押さえて、しゃがみ込む。「村岡さん、気分が悪い。少し休んでいくから、敏郎は先に行ってて」。敏郎を、みんなのほうに追いやるように手を動かす。

すると敏郎は、私の肩に片手を置いて、私の顔をのぞき込んだ。（おい、大丈夫か？）と言うかのように。

（おお、私のことを心配してくれている！　あれほど私を叩いてきていた敏郎が…）。私は心底うれしかった。

子どもは、私たち大人の、子どもを見る目の育ちに応じてしか見えてきません。手のかかる子であっても、その子の内面がわかるとき、愛おしく思えてきます。

Q2 卒業後に備え、作業などの訓練は必要ですか？

卒業後の進路はきびしいと聞きます。早いうちから、手先の訓練やあいさつの練習をさせたほうがいいでしょうか？

A

「年齢相応の力を」と、周囲から求められることもあるでしょう。しかし、子どもの意欲や関心とそぐわない活動を外から持ち込んでも、その子の「生きていく力」になっていかないこともあるのではないでしょうか。

ポイント1　対人関係の弱さは、「楽しい活動」を仲立ちにし、克服させる

洋助（高1。知的発達の遅れ）は、女性職員の今野がお気に入り。顔を見合わせるようにして話しかける。「ウルトラマン、カッコいい？」「仮面ライダー、変身する？」…。テレビアニメが好きな洋助らしい話題だ。

だが突然、暴れだす。今野の髪を引っ張ったり、肩に噛みついたり…。

（好きな今野だからこそ、どう受け止められているかが気になる。今野との「一対一の閉じた関係」ではなくて、気持ちを第三者に開けるようにしよう）。

私は、段ボールで〝刀〟を作る。そして、洋助より1歳年上の岳志にチャンバラを仕掛ける。そこに洋助を絡ませることにした。「洋助―岳志―私」の3人の関係をつくろうと思ったのだ。「覚悟しろ！」。私は岳志に〝刀〟で〝斬りかかる〟。「なにをする！」。岳志は、自分の首に巻いていたタオルで私を叩いてくる。

私は、このときをとらえて、洋助を呼ぶ。「洋助、助けてくれー！」。

すると洋助は、手にしていた〝刀〟を水平に構える。「バキューン！」。〝刀〟を〝ピストル〟にして、岳志を〝撃つ〟。アニメ「ルパン三世」をイメージしているらしい。

そのあとも、私が「助けてくれー」と言うたびに岳志を〝やっつけて〟くれる。「仮面ライダー」の変身ポーズをするなどして。

チャンバラを仕掛けようとした私の思惑は外れた。だが洋助は、アニメのキャラクターをイメージしながら、気持ちを第三者に向ける遊びに打ち込んだ。

そして、この日以来、私に「〝ピストル〟作って！」と求めるようになった。私は、段ボールをL字型に加工して、〝ピストル〟を作る。

洋助は、〝ピストル〟を〝お守り〟のようにして持ち歩く。毎日、自宅にも持ち帰る…。

私は、こうしたことを、洋助の高等部3年間、続けた。洋助は、暴れることが激減した。今野に向かっていくこともなくなった。

ゆうやけの卒会の日。洋助は、活動の最後に、ほかの子どもたちから、花束と記念品を渡される。

迎えのクルマが来た。洋助は、いつものように、さっさとクルマに乗り込む。
（あっけなく行ってしまったな…）。
私は、クルマを見送ったあと、下駄箱のほうを振り返った。なんと、スノコの上に〝ピストル〟が残されていた。洋助は、靴を履き替えたとき、置き忘れたらしい。
（ああ、肌身離さず持っていた〝ピストル〟からも〝卒業〟したんだ！）。私は、洋助の成長を実感して、目頭が熱くなった。

洋助の場合、「〝ピストル〟ごっこなど、高校生にふさわしくない」と言われがちです。しかし、直接的な作業などを持ち込んだら、決して乗ってこなかったにちがいありません。なぜなら〝ピストル〟は、好きなアニメをイメージできるからこそ、不安になりがちな心を支える役割も果たしたと思われるからです。

対人関係の弱さは、その子にふさわしい「楽しい活動」を仲立ちにして、克服させるといいのではないでしょうか。

ポイント2　目先のみにとらわれず、子どもの将来に本当に必要な力を育てる

愛知県で特別支援学校の教師をしている南寿樹さんが話してくれました。

私は以前、進路指導主任をしていた。今も、障害者雇用をしている会社の経営者と研究会を開いている。

社長たちは口々に言う。「仕事のやり方は、卒業後に私たちが教えるので、学校で教えなくていい。学校では、友だちとぶつかったり、仲直りしたりするなど、子ども時代にしかできない体験をたっぷりさせてほしい。そうした子のほうが、就職してから伸びる」。

人格の育ちには、その子固有のテンポがあります。洋助で言えば、自分の気持ちをコントロールする力を身につけるのに、高等部３年間を必要としました。

その意味で、長期に継続してとりくめる放課後活動は、洋助の発達を促すにふさわしいものでした。

今、「計画どおり」「期限を定めて」「目に見える成果を」という風潮が強まっています。そのため、私たちはつい、子どもを急がせすぎて、内面の育ちをなおざりにしていないでしょうか。

目先のことのみにとらわれず、子どもの将来に本当に必要な力を育てることをめざしていきたいものです。

Q3

保護者の要望をどこまで聞けばいいの？

保護者の中には、職員に「○○してほしい」と一方的に求めてくる人もいます。保護者の言葉をどこまで聞き入れればいいでしょうか？

A

親の中には、（細かすぎる）と思うようなことを言ってくる人もいるかもしれません。しかし、職員側が、それを表面的にとらえてしまうと、かえって、すれちがいを引き起こすことになりかねません。

ポイント1

親の言葉に「託された」、切迫した思いを受け止める

恭子（小4。自閉症）は屋外で、赤ちゃんを見かけると飛んでいく。「赤ちゃんパンチ！」。大人が止める間もなく、叩こうとする。赤ちゃんが泣きだせば、その様子を眺めている。

赤ちゃんを刺激して、その反応を確かめたいのだろう。

そのため母親は、私たち職員に強く求めた。「赤ちゃんにケガをさせてはいけない。公園に出かけるときは、『赤ちゃんパンチ×』と書いたカードを見せて、よく言い聞かせてください」。

たしかに、赤ちゃんを叩かすわけにはいかない。（赤ちゃんパンチをやめさせたい）という、母

親の心情は、痛いほどわかる。だが、「赤ちゃんパンチ」は、言い聞かせて、やめてくれるものだろうか。

私は、恭子が赤ちゃんに手を出しそうになったとき、止めながら問いかける。「赤ちゃんパンチしていいかな？」。

「赤ちゃんパンチしません！」。恭子は、口では言う。だが、その場にしゃがんで、お漏らしをしてしまう。自分を抑え込んだイライラを、体の外に出そうとするかのように。しかも、「赤ちゃんパンチ」をしなくなるわけでもなかった。

私たち職員は話し合った。「カードを見せてせまるのでは、かえって葛藤を強める。母親の思いを、別の方向で受け止めよう」。

恭子は、ハサミで物を細かく切るなど、手先は器用だった。私たちは、その器用さを用いて、ちょっと難しい、おやつ作りとして、タコ焼きにとりくむことにした。

（手応えのある活動ができれば、ストレスを溜め込まないですむ。自分の気持ちをコントロールする支えになるかもしれない）。実際にタコ焼きを作ってみた。恭子は、生地をオタマですくって、鉄板に並んだ、小さなくぼみに入れる。竹串を操って、くぼみの中で転がしながら焼いていく。キツネ色に焼けた、真ん丸いタコ焼きができた。職員が思わず声をかける。「恭子ちゃん、じょうずねー」。

私たちは思いきって、今月のおやつ作りは、すべてタコ焼き、という「タコ焼き月間」を設定した（こうした、思いきった対応ができるのも、放課後活動の特徴）。一方で、他者の気持ちをイメージする力を育てようと、絵本の読み聞かせにもとりくんだ。

そんななかで、「赤ちゃんパンチ」は少しずつ減っていった。

「恭子は、タコ焼きを作りはじめてから、ずいぶん落ち着きました」。私は母親に伝えた。「そんなにタコ焼きが好きなら、うちでもさせてみようかしら」。母親は、ゆうやけの鉄板を借りて帰った。

恭子は自宅で、毎週の土・日曜日、タコ焼きを作る。父・母・姉・恭子の4人で、週末の昼食はタコ焼き――。こうしたことが1年間も続いていく。

（恭子に、打ち込めるものができた！）。そこには、家族の協力もあった。

1年経って、ゆうやけの「タコ焼き月間」がまためぐってきた。そのとき恭子は、自宅でのタコ焼き作りをパタリとやめた。（もう、タコ焼きは極めた！）とでも言うように。

こうして、恭子が小学部を卒業するころには、「赤ちゃんパンチ」は、すっかりなくなった。

親と職員は、実践を軸にして、つながり合いたいものです。そして、子どもが変わる兆しが見えてくれば、親も対応を変えてくれるはずです。

親の言葉に「託された」と言うべき、切迫した思いを、まずは汲み取る。そして、実践にくぐらせて受け止めたいと思います。

ポイント2　**共同する喜びを分かち合う**

ゆうやけの行事には「親子運動会」もあります。「お宝玉入れ」「パン取り競争」のほか、お母さん種目「今夜はカレーライス！」（本物の野菜などを取り合う）や、お父さん種目「モテモテ借り人競争」（母親2人と腕を組んでゴールする）も行います。

「親子運動会」に参加した父親が、こんな感想を書いてくれました。

仕事が夜勤明けだったので、参加するかどうか迷った。でも、午後から参加した。どの競技も全員参加。競技する人と、見学する人という区別がない。雰囲気がよかったので、我を忘れて楽しんだ。最後は、5曲連続のフォークダンス。さすがに休憩しようかと思った。でも、みんなが出るので、私もつい踊ってしまった。

また、ゆうやけでは父母会もあります。親たちが独自に集まって、秋のバザーにとりくみます。子どもが高等部に通う親や、卒業した親を講師に招くなどして学習会も開いています。

たしかに最近は、ゆうやけでも共働きの家庭が増えています。それでも、「楽しい活動」「役に立つ活動」があれば、親も率先して参加してくれるのではないでしょうか。

個人がバラバラになりがちな現在だからこそ、共同する喜びを分かち合いたいものです。

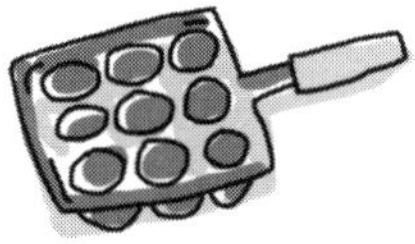

◁お母さん種目
「今夜はカレーライス！」

▷お父さん種目
「モテモテ借り人競争」

Q4

職員同士の連携に苦心しています…

私の職場は常勤職員が少なく、非常勤職員が多いのです。勤務体制が異なるので、子どもの見方がくいちがっても、話し合いの機会がうまくもてません。

A

ゆうやけも、同じ悩みを抱えています。常勤職員は、子どもがいない時間も事務仕事に追われ、非常勤職員は、子どもがいるときだけの勤務。いつ話をすればいいのか…。とはいえ、私は、非常勤職員の指摘に教えられることも多くあります。

ポイント1　「子ども発見」を言葉にし、子ども理解を深めるヒントにする

重之（中1。知的発達の遅れ）は、すれちがいざまに、職員のおなかにゲンコツをくらわす。注意されると怒鳴り散らす。「うるせー！」「ぶっ殺すぞ！」。おやつを出せばイスを振り上げる。「こんなもん食えるか！」。大人に、むやみに反発した。その対象は女性が多かった。だが、今野（女性、非常勤職員）が気軽に話しかける。「きょう着ているTシャツ、カッコいいね」。「そんなことねえよ」。重之は、強がりながらも返事する。

そして、自ら言葉をつなげていく。「（家族の）旅行で、買ってもらった」。今野「どこ行った

の?」」。重之「沖縄」。今野「おみやげ買ったの?」」。重之「ちんすこう」…。親しく会話が続く。

(女性職員に相手になってほしい)。重之には、そんな思いがあるのだろう。だから、受け止めてもらえるかどうかを確かめたくて、激しい言動をぶつけてくるにちがいない。

あるとき、相場(女性)が非常勤職員として、新しく入ってきた。勤務の初日から、重之に叩かれた。

「そんなことしてはいけません!」。相場は、きびしく叱る。すると重之は、いっそう相場を小突き回す。

困り果てた相場に、今野が声をかけた。「ウエルカム・オーラを出せばいいのよ」。

(おお、なんと適切なアドバイス!)。

私も、相場になにか言おうと思っていた。だが、これにまさる助言はなかった。今野は、(柔らかく受け止めれば、重之は心を開いてくれる)と言いたいのだ。

後日、常勤・非常勤職員が合同で研修会を開いた。子どもについて議論をする。

このとき再び、重之のことが話題になった。「ウエルカム・オーラ」という言葉が共有される。今野と相場の立ち話が、話し合いのときに生かされて、深められていくのだった。

今、福祉職場の研修では、企業風の「人材育成」が流行っています。OJT(日常の仕事をつうじて、能力や意欲を向上させる）、キャリア・アップ（一定の職位に就くことをめざして、自己啓発をする）…。直接的な方法論ばかりです。

しかし、子どもを育てる仕事にたずさわる職員を成長させるエネルギーの源は、なんと言っても、「子ども」と「実践」。

（きょう、この子に、こんなことがあった！）。自分なりの「子ども発見」を言葉にしてみる。それがヒントになって、子ども理解が深まる…。こうして、お互いが高まっていきます。

勤務の状況が異なる、常勤と非常勤の職員のあいだであれば、なおさら、こうしたことに心を砕きたいと思います。

ポイント2　実践記録を書くことで、職員はたしかに育つ

ゆうやけの常勤職員は、事務の仕事ばかりに流されないようにするため、定期的に、学習・議論の機会をもちます。教育実践や発達心理の本を読み合う。子ども発見の事実を持ち寄って話し合う。さらに、ある子の内面の育ちについて〝ストーリー〟が見えてくれば、それを文章化した実践記録を書きます。

こうしたことは、ほかの事業所でも行われています。たとえば、モンキーポッド（埼玉県久喜市）の職員・村瀬弘明さんは、「野菜作りを支えに、『人間関係の弱さ』を乗り越えたアキラ君」という実践記録をまとめました。

村瀬さんに、その感想を聞きました。

アキラはわざと、私の帽子を投げたり、服を汚したり…。最初は、（私を困らせようとしている）と、否定的にとらえていた。

でも、あるとき気づいた。（そんなことをするのは、一緒に遊びたいから。自分も、子どものころ、そうだった）。大人の〝常識〟から抜け出して、子どもなりの理由をさぐるうえで、実践記録を書くことが役立った。

私は、実践記録を書くうえで、２つのことが大切だと思う。なんでも率直に話し合える、職場の雰囲気がある。印象深い出来事を、なるべく、その日のうちに言葉にしてみる。

実践記録を書くことをつうじて、子ども理解や実践の方向性が鮮明になります。

忙しいなかで記録を綴るのは面倒なことかもしれません。けれども、その〝立ち止まり〟が、実践を深く考えることにつながって、職員を確かに育てていきます。

＊村瀬弘明さんの実践記録は、全国放課後連編『放課後等デイサービスハンドブック』（かもがわ出版、２０１７年）に所収。

学校とのちがい・連携をどう考えればいいのでしょうか？

学校教育と放課後活動が連携することは大事だと思います。ただ、「連携」と言っても、学校と同じようなことを放課後までするのであれば、ちがう気がするのですが…。

学校教育と放課後活動とでは、社会的な位置づけがかなり異なります。私は今でも、学校の校舎に入ると、ちょっと緊張してしまいます。しかし、子どものことで、教員と心の通う交流が成り立つならば、大きな力になるのではないでしょうか。

ポイント1　**学校と放課後は、それぞれが独自の役割を果たすべき**

文哉（小4。自閉症）は、アニメ「機関車トーマス」がお気に入り。ゆうやけではひとり、電車のおもちゃを床で走らせて過ごす。みんなが公園に出かけても室内に残っている。だが休日は、母親に連れられて、ゆうやけの近くにある図書館に出かけているらしい。「トーマス」の絵本を見るために。

それを知った女性職員の藤村が、ゆうやけの活動中、文哉を誘った。「図書館に行って、『トーマス』を読もうか」。（屋外に出るきっかけにしたい）と思ったからだ。

「行く」。文哉は返事をする。だが、玄関を出たところで座り込んだ。（まだ戸惑っているのかな？）。藤村は、文哉をいったんおんぶする。数メートル進んでから地面に下ろす。すると、文哉は突然、声をあげた。「目的地に到着！」。

そして、全力で走りだす。曲がり角も、まちがえずに折れる。駆け込むようにして図書館に入る…。自宅から図書館までの道は知っている。自宅から、ゆうやけまでの道も知っている。頭の中で、ゆうやけから図書館までの道がつながったにちがいない。そんな思考が、「目的地に到着」という言葉になって、口を突いて出たのではないか。

そんな、ある日。文哉が通う学校の教員たちが、自主的な学習会を開いた。私も参加させてもらった。文哉の担任の沢井先生（女性）が実践を報告した。

ホームルームのとき、沢井先生は文哉に話す。「あした、プールの授業があります。水泳帽子をかぶらないとプールに入れませんよ」。文哉は、水泳帽子をかぶろうとしない。頭が締めつけられるのがイヤなのだろう。だが、プールそのものは大好き。

翌日。雨天ではないものの、気温が低かった。沢井先生が生徒たちに告げる。「きょうはプールがありません。代わりに、通常の体育をします」。

それを聞いた文哉は、自ら水泳帽子をとり出して、かぶった。そして、目に涙をためて、沢井先生を見つめる。（雨でもないのにプールに入れないのは、ボクが水泳帽子をかぶらないせいだ。帽子をかぶるから、プールに入らせて…）。そう、考えをめぐらせて、訴えていたにちがいない。

（やはり、筋道を立てて考えようとしている。しかも、自分の思いを相手に伝えようとして！）。

私は、ゆうやけでの対応を反省した。文哉にとって大切なのは、活動の範囲を広げて、体験を増やすことだけではない。自分の気持ちを他者に伝える機会こそ必要ではないか。

その後、ゆうやけでは、「トーマス」の絵札も入れた絵カルタ取りを行った。文哉は、「トーマス」に誘われて参加してくる。

職員が絵札を〝読み上げ〟はじめる。「青い機関車の…」。文哉は、この〝前振り〟から予想して、すぐに「トーマス」の絵札に手を伸ばす。そして、ほかの子と絵札を取り合うことになれば、悔しさのあまり涙を流す…。

ものごとを結びつけて推測しながら、他者のあいだに自分を押しだしていく——。そんな力を文哉は、自らに蓄えていった。

教員と放課後活動職員の連携は、それぞれの実践から、新しい発見をし合えるものでありたいと思います。
子どもは、１日の生活の中で、気持ちのメリハリをつけていくものです。「学校では、頑張って学習する。放課後は、ゆったりと、人と交わる力を身につける」と

いうように。だから、学校と放課後活動は、それぞれが、子どもの育ちの課題に応じて、独自の役割を果たすべきではないでしょうか。

特に放課後活動は、遊び・生活をつうじて、子どもの人格を育てることに努めたいものです。

ポイント2 お互いの労働環境に目を向け合い、教育・福祉の条件をよくする

私はときに、教員から、苦悩に満ちた声を聞くことがあります。

学校現場では今、生徒の「個別の指導計画」を立てるとき、「～を楽しむ」「～に親しむ」など、子どもの気持ちを尊重した目標は否定される。「単語が5個言える」など、目に見える成果を表記するように求められる。「～法」といった、特定の指導方法も推奨される…。

事務仕事も増えた。子どもが下校すると、先生たちはパソコンとにらめっこ。職員室で、子どものことを語り合うゆとりがない。チームで実践する感覚が失われている。

教員は、管理の強化や多忙化に苦しんでいます。放課後活動職員もまた、さまざまな問題に取り囲まれています。低賃金、人手不足、時間外労働の多さ、煩雑な事務…。

教員と放課後活動職員は、子どもを育てる仲間として、お互いの労働環境にも目を向け合いたいものです。そして、教育・福祉の条件をよくする運動に連帯していけたらと思います。

Q6 「個別支援計画」って、どう書けばいいのですか？

半年に一度、子どもの「個別支援計画書」を作らなくてはなりません。半年くらいで子どもが大きく変わるわけでもないので、どう書いたらいいでしょうか？

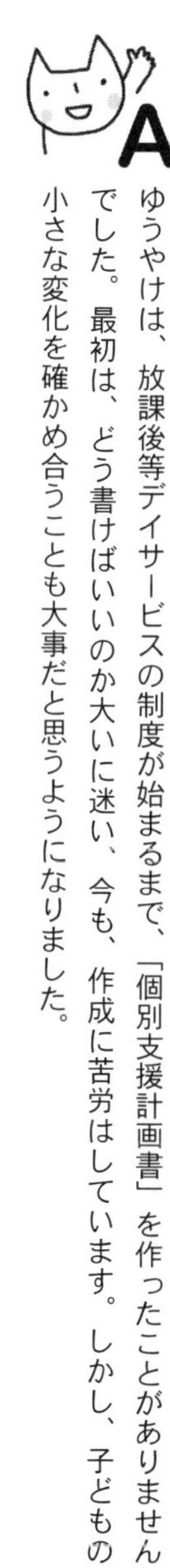

A

ゆうやけは、放課後等デイサービスの制度が始まるまで、「個別支援計画書」を作ったことがありませんでした。最初は、どう書けばいいのか大いに迷い、今も、作成に苦労はしています。しかし、子どもの小さな変化を確かめ合うことも大事だと思うようになりました。

ポイント1

小さな変化を発見し、親に話題を提供する

大志（高2。自閉症）は、焼きソバ作りではりきる。「村岡さんに、大盛り作ります！」。自分と私の2皿分を作って持ってくる。見れば、たしかに、両方とも大盛りだ。

「そんなに食べられないよ」。私が渋ると、大志はきっぱり言う。「ダメです。食べなさい！」。

相撲のときも、私を土俵マットに連れてくる。合図とともに、私を思いきり突き飛ばす。

だが最近は、〝お兄さん〟として、小さい子の相手もよくしてくれる。

たとえば、電車ごっこを想定して、小学校低学年の子を3人、次々に抱きかかえ、キャスター付

きのテーブルに乗せる。「まもなく発車します。ドアが閉まります」。テーブルを押しはじめる。そこにもうひとり、小学校低学年の子がやって来て、テーブルに上がろうとする。だが、これ以上は乗れそうにない。大志は、もう1台、テーブルを用意する。「お客様、お乗り換えです」。その子を、新しいテーブルに乗せてあげる…。

私に強くでるばかりではなかった。小さい子に合わせて、自分の出方を変えているのだ。

後日、大志の母親と面談をした。

「支援計画書」の案を母親に渡す。「コミュニケーション」の欄には、こう書いてある。「大人、同年齢児、年少児という3層の関係が、さまざまにもてるようになる」。

だが母親は、「年少児との関係」について不思議がる。「大志は、帰宅してから、村岡さんのことばかり話します。『大盛り作ってあげた』とか…。でも、小さい子のお世話をしたことは、ひとことも言わないんです」。

私は驚いた。(あれほど、小さい子と遊んでいるのに、母親に伝えないなんて!)。

大志は私に、「大盛り」「突き飛ばし」を仕掛けてくる。(大きいのがいい)(強いのがいい)という思いがあるのだろう。

だが、小さい子の相手をするときは、自分を〝加減して〟行動しなければならない。それだけに、(小さい子と遊んだことを人に言うなんて恥ずかしい)と感じるのかもしれない。

母親に話さないこと自体、（大きくて強い〝お兄さん〟になりたい）というねがいの表れではないか。私は、大志の内面をあらためて知る思いがした。

大志のように、相手に即し、自分の出方を変える――。これは、人格に関する育ちです。人格の育ちは、「早く」よりも、「人間としてゆたかに、確かに」身につくことのほうが大事。本来は、「半年後までに達成する」などと、期限を定めて追求するものではありません。

そのため、ゆうやけの「支援計画書」は、次のようなことに留意して作っています。

・できることのみではなくて、子どもの人格にかかわる、内面の課題について記す。
・半年に一度、課題が達成されたかどうかを機械的に点検するのではなくて、どの子についても、内面の小さな変化を発見する。そして、親と面談するとき、それを話題として提供する。

ポイント２　特定の方法論を鵜呑みにせず、子ども一人ひとりから出発する

行政が主催する研修会などで、「支援計画書」に触れるとき、必ずと言っていいほど、「ＰＤＣＡサイクル」とセットで説明されます。「あいまいな計画はアウト！」「達成できる計画を立てよ！」…。（はっきりわかる変化を達成する計画を立てなさい）と話す講師もいます。

「ＰＤＣＡ」の「Ｐ」は「プラン（計画）」。「計画、先にありき」ということです。いま強調されることが多い、「計画どおり」「期限を定めて」「数値目標を決めて」という考え方は、こういう手法をつうじて現場に持ち込まれています。

しかし、「ＰＤＣＡサイクル」はもともと、工業製品の品質管理のために考えだされたもの。一人ひとりが個性的で、異なる人格をもつ人間の育ちに、モノを作るモノサシを当てはめることがふさわしいでしょうか。「ＰＤＣＡサイクル」を、いち早く取り入れたビジネスの世界でも、最近は、こんなことが言われています。

「経営企画」という名の部署が会社に増えた。1年中、なにかの計画を作って、それをパワーポイントできれいに仕上げる。想定できないライバルの登場や、マーケットの変化があっても、計画は初志貫徹されて、下の現場には達成が義務づけられる。上司に言われたことしかやらない社員が増える。きびしく行動を管理することが、受け身体質を生みだしている。

（ウェブニュース「日経ＢｉｚＧａｔｅ」（２０１7年4月28日）より）

どんな方法論にも、流行りすたりがあるものです。特定の方法を鵜呑みにしたりせずに、私たちは徹底して、子ども一人ひとりから出発する。そして、子どもを人間にふさわしく育てる――。

これらを念頭に置いて、「支援計画書」も考えていくといいのではないでしょうか。

【第２部】

【実践編】放課後活動がもつ「３つのよさ」

小旗を掲げ、翼の手を引く健吾

1章　モノ作りで判断力を磨いていった庄吉

オニを喜ばすイメージ遊び

「電車のコピー出して！」。庄吉（小6。知的発達の遅れ）が、しつこく求めてくる。電車の写真が掲載された、本のページをコピーしてほしいのだ。

職員が、コピーをして渡せば、「もっと出せ！」と騒ぐ。「もう、おしまいだよ」と言えば、「オラオラ、出せよ！」と声を荒げる。そのうち、職員を叩いたり、唾を吐きかけたり…。

活動が終わって母親が迎えにきても、帰宅しようとしない。

女性職員の井原は、庄吉が「コピー出せ！」と言いだしたとき、こう応じる。「コピーのオニさんに聞いてくるね」。

庄吉は、怖いもの見たさで、節分のオニに興味がある。井原は、（コピーする・しないで、こう着状態を招くのではなくて、オニをイメージする活動で、気持ちが切り替わるきっかけをさぐろう）と考えた。

井原は、いったん、コピー機が置いてある事務室に入る。即興で、「オニからの手紙」を書く。

事務室から出て、手紙を読み上げる。「コピーがほしければ、お供え物を持ってこい！」。「お供え物？」。庄吉が聞き返す。そばにいた里中（女性職員）が、井原の意図を汲み取って声をかける。「プレゼントのことだよ。一緒に作ろう」。

庄吉と里中は、「オニは、どんなお供え物を喜ぶか」と話し合う。そのうち、庄吉が思いつく。「空気砲がいい！」。（オニは強いから、それにふさわしい〝武器〟がいい）ということらしい。

庄吉は、手先が器用ではない。里中に手伝ってもらって、段ボールを丸め、ガムテープを貼る。「空気砲」ができあがった。

そのとき里中が提案する。「お供え物だから、きれいに包まなきゃ」。庄吉は用紙に、電車の絵らしきものを描く。それで「空気砲」を包む。さらに里中は、ガムテープを細く折って〝リボン〟も作る。それを庄吉は、包みの中央に取りつける。「お供え物」が、ついに完成した。

庄吉は、「お供え物」を井原に差し出す。「わー、ありがとう。オニさんに渡してくるね」。井原は、「お供え物」を受け取ると、再び事務室に入る。

今度は、「オニからの地図」を描いて、持って出る。地図には、コピーのありかが示されている。

庄吉は、地図を片手に、里中と一緒に、施設内を歩き回る。ついに、下駄箱の裏に、井原が事前に隠していたコピーを見つける。

こうして庄吉は、コピー1枚をもらっただけで、すんなりと帰宅していった。

「モノを出せ！」に従えば際限がない。断われば、いっそう荒れる…。

庄吉は、自分の思いを強く出せるようになった。だが、他者と気持ちをすり合わせる力に弱さがあるのだろう。だからこそ、「オニは、どうすれば喜ぶか」などという、ストーリーのあるイメージ遊びを仲立ちにすれば、行動を切り替えることができるのではないか。

井原と里中は、そんな庄吉の内面に、すばやく機転をきかせて応じていた。

課題克服のため、職員の持ち味を生かす

とはいえ、里中は初め、庄吉にどう対応するかに戸惑って、私に相談に来た。「庄吉は、『なにかを出せ！』と、うるさく言う。わがままで困る。どうしたらいいか？」。

私は、井原の意見も聞いて答える。「庄吉は、気持ちをコントロールする力が弱い。だが、オニなどをイメージする力をもっている。なにかをイメージする活動で気持ちを支えるといいのでは」。

だが里中は、すぐに納得できない。「松本さん（男性職員）は、体を思いきり使って遊んでいる。でも私には無理。一緒に工作するくらいならできるけど…」。

里中は美術学校を卒業していた。工作が得意だ。私は、それを踏まえて話す。「体を使うのは、松本さんのやり方。里中さんは、工作をつうじて、イメージのやりとりをしてみたらどうか」。

こうしたことが事前にあって、井原と里中が示し合わせ、「オニへのお供え物」を作る〝連係プレー〟が成り立ったのだった。

私たちは、ともすると、子どもの外見に惑わされて、行動そのものに直接働きかけ、規制しようとする。だが、あくまでも内面をさぐるところから出発する。そして、その子の内面の課題を克服させるために、職員それぞれの持ち味を生かして働きかける―。里中も腑に落ちたにちがいない。

またもや〝ごたつく〟

庄吉は中1になった。そのころ、井原が産休に入った。

庄吉は私に訴えてくる。「スマホ、作って！」。（ボクはスマートフォンを持たせてもらえない。だから、代わりのものを作れ！）と言いたいのだろう。

私は、段ボールを、適当な長方形に切って、〝スマホ〟を作る。そして、それを耳にあてて、〝電話する〟。「もしもし、（庄吉の）お母さんですか？　今度、（庄吉と）３人で遊びにいきませんか？」。

庄吉も、〝スマホ〟を受け取ると話しだす。「あっ、お母さん？　西武遊園地に行きたい…」。

だが、そんな電話ごっこは長続きしなかった。庄吉は〝スマホ〟を投げ捨てる。「これじゃダメ。ちゃんとしたの（を作れ）！」。私の大ざっぱな作り方では承知しない。

私の代わりに里中が、自分のスマホを見ながら、段ボールで、細かい工作をする。本体の角を丸く切り落としたり、実物の色に近いグレーや黒のガムテープで縁取りしたり…。

すると庄吉は、里中の横で、本体に描き込んでほしいものを指示する。「待ち受け画面描いて！」「アイコンも！」…。

里中は、サインペンで、それらを描き込む。ついに、本物そっくりの〝スマホ〟ができた。ちょうど母親が迎えに来た。だが、庄吉は玄関に向かおうとしない。「お姉ちゃん描いて！」。新しいことを言いだす。

（お姉ちゃん？）。

庄吉は最近、若い女性に関心が出てきた。通りを歩く女性を見て、「あのお姉ちゃん、（ボクの）タイプ！」などと口にする。（そんな「お姉ちゃん」の絵を描け）と言うのか。

里中が促す。「お母さんが待ってるから帰ろう」。「イヤー！」。庄吉は、里中を叩いたり、部屋のドアを蹴ったり…。

私は、井原がしていたように、「オニからの手紙」を書く。「お姉ちゃんを描いてほしければ、オニの金棒と交換じゃー！」。だが庄吉は、あっけなく手紙を破る。

（うーん、困った。電話ごっこにしろ、「オニの手紙」にしろ、イメージ遊びが通用しない…）。

里中は、庄吉の剣幕に押されて、用紙に「お姉ちゃん」を描く。アニメに出てくるような、かわいらしい女の子の絵だ。

庄吉は再び、細かい注文をつける。「髪もっと長く！」「白い靴下履く！」…。

母親を待たせること40分。「いい加減にしなさい！」。母親に、ひどく叱られる。ようやく、〝スマホ〟と「お姉ちゃん」の絵を持って、玄関を出ていった。

またもや、庄吉の〝ごたつき〟が始まった。

このとき私は、つい思ってしまった。（庄吉とうまくかかわってきた井原がいないから、イメージを分かち合えないのか…）。井原や里中と確かめてきたはずの、庄吉への理解が〝ふりだしに戻った〟気さえした。

自分なりの思いが、さらに強まる

そのうち私たちは、別の場面でも、庄吉に〝困らされる〟ことになった。

指導員たちが放課後、子どもたちを学校にクルマで迎えにいったときのこと。

「お帰り！」。女性職員の今野が、いつものようにクルマを降りて、庄吉を出迎える。

だが、庄吉はいきなり、今野の頭をぶつ。「世界中で（一番）大嫌い！」。

（急に、どうしたんだ？）。

まるで、出会いがしらのような〝衝突〟。そうしたことが毎日続いた。

（ゆうやけのクルマに乗る気持ちがまだ整っていない。そんなときに迎えると反発するのだろうか？）。

私は、庄吉が自分のタイミングでクルマに乗れるように、今野にクルマの中で、しばらく待ってもらった。すると、庄吉と今野の〝衝突〟は、ひとまずなくなった。

（庄吉の、さまざまな〝ごたつき〟―。どういうことなのだろう？）。

私は、庄吉の、中学生になってからの変化を振り返ってみた。「モノを出せ！」が「モノを作れ！」に変わる。〝スマホ〟のアイコンや、「お姉ちゃん」の靴下など、細部までこだわる。学校で迎えたとき、職員と〝ぶつかる〟…。

（ここは、こうしたい）という、自分なりの思いが、さらに強まった。だからこそ、自分の判断が断ち切られたり、先取りされたりすると、気持ちが乱れるのだろう。

もはや、これまでのようなイメージ遊びでは、行動の切り替えを迫る手段として成り立たなくなっているのかもしれない。

モノ作りの体験をとおし、納得する

（とはいえ、「モノを作れ！」につき合えば、庄吉の身勝手さに振り回されることになりはしないか…）。私は、そう迷いつつも、腹をくくった。

（庄吉にとってモノ作りとは、場面場面で、思考を細やかに働かすことができる活動。行動の切り替えに多少時間がかかったとしても、庄吉の成長に必要な時間として割り切ろう）。

ただし、私が〝スマホ〟を作ると、「ヘタくそ！」と言って、取り合ってくれない。里中が辛抱強く〝スマホ〟を作ってくれた。

だが、あとで聞くと里中も、かなり苦労したようだ。「庄吉は、〝スマホ〟を作ってあげても、自宅に持ち帰ってから壊してしまう。毎日作ってもキリがない。こんなことでいいのか…」。

母親も、帰宅しようとしない庄吉を玄関で待たなければならなかった。

私は母親に、工作の途中経過を報告する。「今、〝スマホ〟のカバーを作っているところです…」。ときには、２階にある部屋まで上がってきてもらって、工作の様子を見てもらった。


庄吉は工作中、里中が作っている〝スマホ〟と、里中自身のスマホとを見比べる。「ここ、同じに書いて！」。実物に記された小さな文字を指差す。同様に書いてほしいらしい。

里中は、細いサインペンで、〝スマホ〟の本体に、「ｉＰｈｏｎｅ」と書き込む。だが、位置の関係で、本体にすでに貼ったガムテープの上に書くことになる。庄吉が指で触ると消えてしまった。

「どうしたら消えないか…」。庄吉は考え込む。そして、ハッと顔を上げる。「セロテープを貼ればいいんじゃない！」。

（ガムテープに文字を書いても、その上にセロハンテープを貼れば消えない）と思いついたようだ。


別の日には、「厚いの！」と訴える。本物らしく厚みのある本体にしたいようだ。

「じゃあ、３枚ね」。里中が、段ボール３枚を貼り合わせて、本体を作る。だが庄吉は、さらに主張する。「（もう）３枚！」。里中が「厚過ぎるよ」と指摘しても言いはる。「これでいい！」。段ボール６枚を重ねたので、箱のように分厚い〝スマホ〟ができあがった。

庄吉は、それを耳にあててみる。即座に、「ぶっ！」と吹き出す。実際に使ってみて、あまりに厚過ぎると実感したのだろう。

こうして庄吉は、時間はかかっても、納得できる〝スマホ〟ができあがると、自ら帰宅していった。

（こうありたい）とねがう内容が〝高度〟になってきた。だが、それを具体的な形にしていく過程では、思いどおりにいかないこともある。だからこそ、そうした体験をとおして、自分なりに納得し、気持ちを切り替えることができるのではないか。

（ああ、私の理解は浅かった！）。

私は、（庄吉の〝ごたつき〟は井原がいないからではないか）と思った。（モノ作りに振り回されるのではないか）とも勘ぐった。庄吉の育ちに着目するのではなくて、依然として、外的な条件に目を奪われていた。

庄吉にとってモノ作りとは、自分の判断力を磨いていける、奥行きの深い活動―。私は、庄吉と里中のやりとりを目の当たりにして、そのことを確信した。

判断や行動を分担し合う

庄吉が中2になったとき、井原が産休・育休を終えて、職場に復帰した。

庄吉は井原に聞く。「スマホ（を作るの）は、もう飽きた。なにがいいかな？」。（えっ？　作るモノを自分で決めないでいいんだ！「スマホを作れ！」と直線的にせまっていた庄吉が、他者の判断にゆだねるとは…）。私には驚きだった。

だが、庄吉はこれまで、里中とともに〝スマホ〟を作り尽くしてきた。その充足感が、そんな言葉を引き出したのだろう。

「電車にしよう」。井原は段ボールを、細長い箱状に組み立てる。線で区切って８両編成にする。するとすると庄吉は、思いがけないことを口にする。「クハ、モハ書いて！」。

「クハ」「モハ」とは、車体に書かれた記号。先頭と最後の車両は「クハ」で、中間の車両は「モハ」でなければならないらしい。

さらに続ける。「行き先書いて、西武新宿って。全部！」。行き先の駅名である「西武新宿」という表示を、すべての車両に書いてほしいようだ。

井原は、電車のことは詳しくない。「（駅名は）全部（の車両）に書いてないんじゃない？」。だが、庄吉は断言する。「いや、書いてある！」。

井原は、庄吉の指示に従って、記号や駅名を車体に書いていく。そのとき、さりげなく聞いてみる。「時間がないから、色を塗るのを手伝ってくれる？」。

「うん、いいよ」。庄吉は、黄色いマジックペンで車体を塗りつぶす…。

井原があとで調べてみると、記号や駅名の書き方は、庄吉の言うとおりだった。

（まるで鉄道マニア！）。

そう言えば庄吉は、電車を見に出かけたとき、以前は、通過する列車を眺めるだけだった。だが最近は、駅の線路脇にしゃがみ込んで、停車中の車両の下をのぞく。「車輪がちがう！」。車輪の形状が車両によって異なるなど、意外な発見をする。

庄吉が求めるものは、量（モノをたくさん出せ）から質（モノを詳しく作れ）に切り替わってきた。判断するときは、事実による〝根拠〟を伴うようにもなった。

同時に、職員との関係も変わってきた。ときに、自分の意見を保留する。あるいは、作るモノのデザインを受け持って、自分ができそうな作業は引き受ける。

職員は以前は、一方的に「モノを作れ！」と求める対象だった。だが今は、興味ある世界をともに探求する〝同好〟の仲間。判断や行動を分担し合える存在になっていた。

虫にも思いを寄せ、優しさを込める

庄吉は、工作に打ち込むことと並行して、ときには屋外に出かけた。

セミの鳴き声が聞こえる季節。庄吉は公園で、女性職員の水野と一緒にセミ取りをする。

木の根元で、2匹のセミがくっついているのが見つかった。庄吉は、小枝でつついて、2匹を離そうとする。

水野が、あわてて声をかける。「交尾中だよ。なかよくしているから、そっとしておいてあげよう」。だが、庄吉は言いはる。「やだ、じゃまする！」。それでも、少しするとつぶやいた。「結婚中かあ。じゃあ、しょうがない」。セミをそのままにして、立ち去った。

（なんと、「交尾」と「結婚」が、頭の中で結びつくとは！）。

死にかけた蛾を見つけて、ゆうやけに持ち帰ろうとしたこともある。そばにいた井原が声をかける。「蛾なんて気持ち悪いよ。葉っぱのお布団をかけて、お祈りしてあげよう」。

庄吉は、やや考えてから、蛾に向かって手を合わせる。「天国に行けますように。新しい命が生まれますように」…。「天国」「新しい命」など、〝お祈り〟の文句を自ら見つけだす。

このとき、井原が言葉を添えた。「さっきは、『気持ち悪い』って言って、ごめんなさい」。「あっ、ボクも（ごめんなさい）！」。庄吉も、あらためて手を合わせる…。

自分の気持ちと、職員の気持ちを重ね合わせながら、虫にも思いを寄せる。そうして得た新しい判断には、優しさが込められていた。

〝お兄さん〟として、行動をともにする

息吹（小1）が入会してきた。物おじしない息吹は、年上の庄吉（中3）にも積極的に声をかける。「オウマさんやって！」。

庄吉は、年下の子に頼られて、うれしいのだろう。四つ這いの格好をしてあげる。息吹が背中にまたがると前進する。

前方に、カーテンが下がっていた。「潜れ！」。息吹が庄吉に〝命令〟する。

庄吉は、言われたとおり、カーテンに突っ込む。2人の頭がカーテンに包まれた。庄吉は、そのついでに、息吹の体をくすぐる。「コーチョ、コチョコチョ…」。

元気がいい息吹には、くすぐり遊びをしてあげる。小1の小さい子だから、〝お兄さん〟として振る舞っているのだった。

そのうち庄吉は、外出したいとき、年下の子を誘うようになった。「蓮くん（小1）、電車見にいこう」などと声をかけて回る。

蓮など数人を連れて、踏切の近くに行く。電車が通りかかるのを待つ。

だが本当は、駅の改札口前に置いてある、電車の写真などが載ったチラシもほしい。つき添っていた井原に聞く。「チラシもらいにいく？」。

「いいよ」。井原は、庄吉と2人で駅に向かおうとする。だが庄吉は、蓮たちと離れがたいのか、

〝揺れて〟いる。「やっぱり行かない」「やっぱり行く」…。

井原が、この様子を見て、さらに〝揺さぶって〟みる。「蓮くんは、電車を見ていたいみたいだよ。どうする？」。

庄吉は、チラシをもらいにいこうとしない。結局、みんなで電車を見るほうを選んだ。するとすると井原に、あれこれ話しだす。「（チラシは）ほしいのはないと思うから」「（チラシをもらいにいくと、ゆうやけに戻るのが遅くなって）おやつがなくなっちゃうから」「前（以前）、チラシをもらったとき、風に飛ばされちゃったから（きょうも、そうなるかもしれない）」…。

〝お兄さん〟として、年下の子と行動をともにしたい。だからチラシをガマンする―。そう下した、自分の判断を〝補強〟しようとして、理由を並べているのだろう。

モノ作りで培ってきた融通性を、あたかも、対人関係でも発揮しはじめたようだった。

状況や相手の思いを推測する

ある日のこと。庄吉のほうから里中に話しかけてきた。「（工作する）時間があんまりないよね」。きのう、里中に〝スマホ〟を作ってもらっているうちに、帰宅が遅くなった。それを気にしているようだ。

「そうだね。きょうはなにを作りたいの？」。里中がたずねる。

「うーん…」。庄吉は、うなりながら答える。「電車か、お姉ちゃん（の絵）か…」。決めきれず、里中に聞く。「里中さんは、どっちが簡単？」。

「絵のほうが簡単かな」。里中は、短時間で作れるほうを選ぶ。すると庄吉は、それに同意する。

「じゃあ、お姉ちゃん（の絵）」。

（おお、時間とともに、里中の都合まで気にかけている！）。

庄吉は、自分の判断を脇に置いて、状況や相手の思いを推測するようにもなってきた。

「人間にふさわしい力」を育てる

里中は、かつてを振り返りながら話す。

「これまで私は、庄吉が人を叩いたり、おやつをたくさん取ったりしたとき、とにかく止めていた。すると案の定、庄吉は、さらに行動をエスカレートさせた。

だが今は、『どうしたの？』って聞くと、叩くのをやめる。おやつを取るのを本人に任せると、取る数を自分で減らしたり、私に分けてくれたりする。

こちらが思う以上に、本人は考えている。その流れに乗ってみるのも大事だと気づいた。庄吉とかかわるのがおもしろくなってきた」。

里中が言う「流れに乗る」とは、庄吉の言いなりになる、ということではない。頭ごなしに止めずに、庄吉なりの判断を引き出して、自ら思い直すことを促す、ということだろう。

かつては「モノを出せ！」と騒いでいた庄吉が、他者に気持ちを配るまでになった。ここに至るには、放課後活動で積み重ねてきた経験が決定的な役割を果たした――。

モノ作りという、気持ちを集中できる活動に出会って、手応えを得る。具体物とのかかわりで、思うに任せない体験をする。

そうしたなかで養った「折り合う力」は、職員や年下の子、ときには虫にまで配慮するなど、相手を思いやる判断につながってきた。

私たち大人は、庄吉の行動に、ときに翻弄(ほんろう)された。だが、手さぐりで活動しつつ、内面を理解し直して、成長させようとしてきた。そこには、苦労とともに喜びもあった。

今、子どもを育てるとき、「計画に従って」「決められた期間内に」「一定のスキルを教え込む」という風潮がある。そこでは、その子の思い（ときに、〝困った〟行動をとおして示してくる）を理解することが、しばしば抜け落ちる。

だが、人格を育てるには、こうした〝一方通行的な〟やり方は馴染まないのではないか。子どもと何度も〝出会い直し〟をしながら、その子の内面の課題にふさわしい遊び・生活をつくりだす。そこから、その子自身が、人間らしさを「学びとれる」ようにしていく。庄吉が自ら、「思いやりのある判断力」を身につけたように。

「人間にふさわしい力」を育てる――。そのための実践のあり方を、庄吉が私たちに提起してくれている。

放課後活動のよさ　その1

遊び・生活を柔軟に、タイムリーに組織できる

子どもの要求にどう応えるか。ともすれば私たちは、表面の姿にとらわれて、「甘やかしてはダメ」と、否定的に応じます。あるいは逆に、「きびしくしては、かわいそう」と、そのまま受け入れてしまいます。

しかし放課後活動では、そうした二分化した対応を取る必要はありません。子どもの言動の内側に込められた、本当のねがいを受け止める。そして、そこから出発して遊び・生活を組織する。

庄吉で言えば、「モノを出せ！」と騒いでも、ストーリー性のあるイメージ遊びを仲立ちにして、自らの気持ちに折り合いがつくようにしました。あるいは、自分の意図を細やかにコントロールできる活動として、モノ作りに踏みきりました。

そうした遊び・生活の中では、誰もが主人公になれます。たとえば、フォークダンスをするとき、部屋に入れない子には、ラジカセを運ばせて、曲をかける係をさせる。部屋の隅で眺めている子には、大人がそこまで行って、〝出前〟のフォークダンスをする…。それぞれが、自分なりの出番をもちえます。

それにしても庄吉は、私の予想をはるかに超える探究心で、モノ作りにとりくんでいきました。活動の条件に制約があっても、子どもの遊び・生活の内容や範囲を決めつけてはならない。子どもの内面世界の広がりの可能性を見限ってはならない―。これらを私は庄吉から深く学びました。

放課後活動のよさのひとつ。それは、子どもの内面の課題に応じて、遊び・生活を柔軟に、そしてタイムリーに組織できることではないでしょうか。

「オニからの手紙」をもらう

里中に「アイフォン」を作ってもらう

2章　〝お兄さん〟への憧れ・悩みが「真の自立」を育んでいく
――健吾と翼の育ち合い

1節　「ＡＣ（公共広告機構）」にとらわれる健吾が、年下の子を導いた
苦手な対人関係に挑む【小５～中２】

独特な遊び――「ＡＣ」「線路」

健吾（自閉症）は小５のとき、ゆうやけに入会してきた。ひとり、テーブルに向かって、記号を書き連ねる。「ＡＣ、ＡＣ…」。

当時は、東日本大震災の直後。テレビは、ＣＭを自粛して、その代わり公共広告機構（ＡＣ）の宣伝を繰り返し流していた。健吾は、それが頭に入り込んでしまったようだ。

私がそばで見ているのに気づくと、わざと「ＣＡ」「ＢＣ」などと書く。そして、「ご支援できますか?」と聞いてくる。

（なんのこと?）。

たしか、ＡＣの宣伝では、「みなさまのご支援で運営されています」などと言っていた。健吾は、

これを覚えていて、「ご支援」できるか、聞きたいのだろう。

私は、あえて答えてみる。「字がまちがっているので、ご支援できません」。健吾はニヤリと笑う。

「ＡＣ」というパターンにとらわれつつ、そこから外れることも楽しんでいるのかもしれない。

用紙20枚くらいに、線路を延々と描くこともある。線路はときに、枝分かれしたり、トンネルをくぐったり…。

これにも私は、つき合ってみる。「ガタン、ガタン…」。片手を電車に見立てて、線路の上で動かす。健吾は、それに合わせて、次々に用紙をめくっていく。

「ＡＣ」も「線路」も、健吾独特の遊びであり、こだわりだ。だが、そこを〝窓口〟にすれば、気持ちが通い合うはず。

こうして私は、健吾との関係を築いていった。

みんなの活動に〝周辺から〟参加

みんなで、おもちゃのボウリングセットでゲームをする。やはり健吾は加わってこない。

（用紙になにかを書くのであれば、入ってこれるかもしれない）。私は健吾に頼む。「得点係、お願いします」。

すると健吾は、床に用紙を広げる。子どもたちがボールを転がしてピンを倒すたび、次のような記号を書き込む。健吾独自の〝点数〟だ。

・「×」　ガーター
・「△」　少し倒れた
・「○」　たくさん倒れた
・「◎」　スペア
・「三重マル」　ストライク
・「花マル」　ストライクが続いた

ゲームが終わる。芳孝（高3）が、立て続けにストライクを出していた。「結果発表をお願いします」。私が促すと健吾は、みんなに報告する。「芳孝くんの花マルが一番多い！」。


風船バレーのとき。私は健吾に進行役をさせる。

健吾は、どう進めるかを考えてから、みんなに〝宣言〟する。「10分マッチです！」。

そして、壁にかかった時計を見て声を出す。「始め！」。10分経ったら告げる。「終わり！」。

活動に直接参加するのはむずかしい。だが、〝周辺から〟であれば、自分なりにアイディアをめぐらせて、みんなの活動に少しずつ参加していけた。

風船バレーの審判をする

遼一とは「サイコロ」で〝交渉〟

健吾は中学生になった。

活動の終わりに、みんなの前でサヨナラを言うのが日課になっていた。これも、〝周辺から〟のかかわり方のひとつだった。

だが、同級生の遼一が来る日は、サヨナラが言えない。気の強い遼一に「オレがやる!」と言われると、言い返せないからだ。

ところが、あるとき健吾は、用紙をハサミで丸く切りはじめた。直径5センチほどの円を2つ作る。それらを、テーブルホッケーで使う円盤パックの両面に貼りつける。そして、片面に「けんご」、反対面に「りょういち」と書き込む。

別の紙に文章も書く。「サイコロであいさつを決めます。決まらなかった人はざんねん」。「練習しよう」。そう言うと健吾は私を、人がいないところに連れていく。さっき書いた文章を私に読ませる。それから、パックを床の上に立てて、コマのように回す。

回転が止まって、パックが倒れた。「けんご」の面が上だ。「よし!」。健吾は、満足そうに声を出す。

「サイコロ」とは、「パックを回す」ことらしい。遼一に「ボクがサヨナラを言いたい」と言えないので、「サイコロ」で、どちらが言うかを決めよう、と思いついたようだ。

活動の終了時間になった。「サヨナラを言いたい人!」。私は、みんなに呼びかける。健吾と遼一が同時に手を挙げる。

健吾はすかさず、パックを床に立てる。私に文章を読ませる。パックを回す…。

遼一は、不思議そうに、健吾がすることを見ている。

パックが倒れた。「りょういち」と出た。（残念！）。「遼一くん、（サヨナラを）お願いします」。

健吾は、そう言うと引っ込んだ。

もしも、このとき、「けんご」と出たら、どうだったろう。遼一は簡単に引き下がったとは思えない。そのときの健吾の様子も見たかった。

だが、「サイコロ」で遼一と〝交渉〟しようとは、よくぞ考えついたものだ。

健吾は徐々に、勇気のいる対人関係にも、自ら挑もうとしていた。

年下の友だちと絡み、対人関係がゆたかに【中3〜高3】

年下の翼と絡ませよう

健吾が中3になったとき、翼（小3。知的発達の遅れ）が入会した。

翼は、フォークダンスを始めるため、みんなのところにラジカセを運びたい。だが、ほかの子がラジカセを持っていってしまうこともある。そのとたん、翼は落ち込んで、床に突っ伏す。（もっと、自分を出せるようになってほしい）。

私は、翼のそばに座って、貧乏ゆすりをする。すると、翼は私を、「カタカタ、うるさい！」と〝叱る〟。私は、「ごめんなさい！」と〝謝る〟。翼は、こんな「叱り―謝り」遊びを繰り返すうち、顔を上げて笑いだす…。

だが健吾は、このころから、私の室内用のサンダルを隠すようになった。「村岡さんのサンダル、どこ行った？」。私に、しつこく聞いてくる。

（ああ、しまった！）。

いつの間にか、健吾のことが後回しになっていた。健吾は、これまでどおり私と遊びたくて、気を引こうとするのだ。

（そうだ。この機会に、年下の翼と絡ませてみよう。そのことで、他者との関係がふくらんでいくかもしれない）。

私と翼が「叱り―謝り」遊びをしているところに健吾がやって来た。私は、健吾を翼のそばに座らせて促す。「健吾も、翼の相手をお願いします」。

健吾は両足をブルブル震わす。どうかかわっていいのかわからなくて、とりあえず、私の貧乏ゆすりを真似しているのだろう。

だが、翼はポカンとしている。健吾は、仕方なく、自ら〝謝る〟。「うるさくして、ごめんなさい！」。

すると翼は、健吾が遊んでくれようとしていることに気づいたらしい。「うるさい！」。ようやく応えてくれる。

健吾はさらに、口をチューチュー鳴らす。翼「うるさい！」。健吾「ごめんなさい！」…。2人のあいだで、言葉のやりとり遊びが始まった。

（年下の子には、〝お兄さん〟として、相手をしてあげたい）。健吾もまた、そんな気持ちが湧いてくるにちがいなかった。

〝中間的〟な対応を身につける

公園へ歩く途中でのこと。「はいっ！」。翼が健吾に片手を差し出す。（手をつなごう）と言うのだ。すると健吾は、ためらうことなく、その手を取った。

（えっ？　人と手をつなぐのはキライだったのに…）。

苦手なことよりも、翼に応じてあげたい気持ちのほうがまさったようだ。

横断歩道を渡る。健吾は、翼が車道に出ないように、つないでいた手をグッと引く。「痛い！」。翼が思わず声を上げる。すると健吾は、翼の片手を軽く振りながら、調子よく声を出す。「イッチニ、イッチニ…」。翼の気分を紛らわそうというのだ。

公園から戻ったあとは、焼きそばを作る。健吾は、翼のそばで声をかける。「（フライパンに）キャベツ入れたら」「ベーコンどうする？」…。

翼は、具材をフライパンに入れる。シャモジでかき混ぜはじめる。

「じゃあ、ボクは先に食べてるね」。健吾は、その場をスッと離れた。

健吾は、自分の焼きそばを早く食べたかっただけかもしれない。だが翼は、他者に付き添われすぎると、幼子(おさな)扱いされると感じるのか、落ち込んでしまう。そんな翼の心の動きに、健吾は自然に寄り添っている——。私は、そう見て取った。

放置するわけでも、強要するわけでもない。健吾は、翼の気持ちに即した、〝中間的〟な対応を身につけていった。

心に届くよう優しく言う

健吾は高3になった。ゆうやけではときどき、保護者を対象に活動報告会を開く。写真をスクリーンに映しながら、子ども一人ひとりの様子を親たちに伝える。

私は、健吾について、次のように話した。

由香里（中3）が井原（女性職員）に、「クルマ、行く！（クルマに乗って出かけたい）」と何度も訴えている。それを聞いた健吾は井原にたずねる。「お昼ご飯（を食べはじめるのは）、何時？」。井原が「12時だよ」と答える。

このとき、まだ11時半だった。健吾は、時計を見て、由香里に伝える。「ひと回りしたら、ちょうどいいよ」。（昼食まで30分あるから、それまでのあいだ、井原とクルマでひと回りしてきたら、昼食にちょうど間に合う）と言いたいのだ。

別の日には、同様に訴える由香里に井原が、「（クルマの）カギは村岡さんが持ってるみたい。聞きにいこうか」と返した。そばにいた健吾は由香里に、「村岡さんに聞いてみよう」と声をかける。そして耳元で、ささやくようにつけ加える。「聞かないとわからないよ」。由香里の心に届きやすいように、優しく言ってあげているのだった。

私の報告を聞いたお母さんたちから思わず、笑い声があがる。健吾の、友だちへの気づかいに共感したからだろう。

健吾の母親は感想を語ってくれた。「友だちに関心をもてるようになるなんて、思いもしませんでした。来年は卒業を迎えます。よくぞ、ここまで育ててもらったと、感謝の気持ちでいっぱいです」。

以前は、ひとりで「ＡＣ…」と書き続けていた健吾が、年下の子を柔軟に導くまでになった。私は、そんな成長の姿を母親と共有できて、うれしかった。

（健吾は、対人関係をいっそうゆたかにして、来年の卒業を迎えるだろう）。そう予測した。

2節　落ち込んでいた翼が自分を保てた
葛藤を乗り越え、〝お兄さん〟になる

拠りどころの大人と友だちができた

翼（小3。知的発達の遅れ）は活動中、ひたすらドアを開けたり閉めたり…。ドアがバタンと音を立てて閉まる。「しゅごいねー（すごいねー）！」。ひとりで歓声をあげる。

みんなと活動することに、ためらいがあるのだろう。さしあたって、目の前のモノ（ドア）に気持ちを向けているのにちがいない。

（行動をともにするところから始めよう）。

私は、ドアが閉まったとき、翼と声を合わせる。「すごいねー！」。大声で騒ぐ子がいれば、翼の気持ちを汲み取るように、私から声をかける。「うるさいねー」。

翼は、そんなことがきっかけで私を、安心して自分を出せる存在として見なしたようだ。私が貧乏ゆすりをしていると、〝叱る〟ように言う。「カタカタ、うるさい！」。

（よし、自分の気持ちを向けてきた！）。私は、あえて〝謝る〟。「貧乏ゆすりして、ごめんなさい！」。翼は私をさらに〝叱る〟。「ビンボー、うるさい！」。

それを見た舞衣（小5。知的発達の遅れ）がおもしろがった。翼と一緒になって私を〝叱って〟

くる。私が〝謝る〟と、2人で顔を見合わせて笑う。

舞衣も、引っ込み思案な子。翼と同じように、自分を出せる相手がほしいのだろう。フォークダンスが始まる。それまで参加したことのない翼が、舞衣と手をつないで、踊りの輪に入ってくる。2人で、はしゃぐように跳ね回る…。

（互いに気持ちを支え合って、みんなとの活動を楽しんでいる！）。

翼は、拠りどころになる大人や友だちを得て、ゆうやけに順調に通いはじめた。私は、そう思い込んでいた。

〝お兄さん〟になりたくてもなれない葛藤

だが、しばらくして、翼の母親が私に話した。「最近、頭に小さな円形脱毛ができたんです。それに、ゆうやけの活動が終わって帰宅したとたん、激しく泣くんです」。

（ええっ！　まさか？）。予想もしない報告に、私は驚いた。

（翼は、どこかで無理をしているのだろうか。そう言えば…）。私は、みんなで相撲をしたときのことを思い出した。

翼は、いつものように、ドアのところに立ったまま。それを見かねた男性職員の栗原が、サッと翼を抱きかかえて、土俵マットの上に降ろした。翼は、両手で顔を覆って、その場にうずくまる。

（気持ちが整っていないうちに体を動かすのは、どうか？）。私は、やや心配した。

だが、行司係の子どもが、「はっけよーい、のこった！」と声をかける。翼は、パッと立ち上がって、栗原の体を押す…。

（ああ、よかった！）。私はホッとした。そして、（やらないように見えても、ちょっとしたきっかけがあれば相撲もするんだ）とさえ思った。

だが、じつは、こうした対応が翼に、（きちんとしなければ！）という気持ちを無理に引き起こすのかもしれない。

あるとき、翼が軟便のお漏らしをした。おなかの調子がよくないらしい。私は、体を拭いて紙オムツをはかせる。

「はあー、もおー…」。翼は、苦しそうに声を出す。だが、着替えが終わると、元気に走り回る。ところが、しばらくして、２回目のお漏らしをした。「ちょっと見せてね」。私は、オムツの中をのぞく。そのとたん翼は主張する。「（お漏らしは）出てない！」。

翼は、このことがあってから、階段の下に敷いてあるマットに寝そべっていることが増えた。私がフォークダンスに誘うと拒む。「寝てるの！」。私が「大丈夫？」と問えば、「出てない！」と答える。

お漏らしは、すでに何日も前のこと。だが、いまだに気にしているのだ。お漏らしをしてしまう

舞衣とフォークダンスに参加

ような、〝幼い〟自分を認めたくないのかもしれない。

しかも舞衣が、フォークダンスをしなくなった翼を心配した。「熱、あるの?」。翼の額に手をあてたり、添い寝をしたり…。だが翼は、ほかの場所に移動して、再び寝転がる。

舞衣が〝お姉さん〟らしく振る舞えば、いっそう、自分を〝幼く〟感じて、つらくなるのだろう。(〝幼い〟自分ではなくて、〝お兄さん〟として行動したい。でも、そうできないでいる)。翼が、そんな葛藤を抱えていることを、私はようやく知りえた。

ラジカセを運び、〝お兄さん〟になる

フォークダンスが、もうじき始まる。だが翼は、きょうも、階段の下で寝ている。

(〝お兄さん心〟をくすぐってみよう)。

私は、わざと片足を引きずって、ラジカセを翼のそばに持っていく。「村岡さん、足が痛い。ラジカセを(みんなのところに)持っていってくれる?」。

すると翼は、スッと立ち上がって、ラジカセの持ち手をつかむ。私「(ラジカセが)重くない?」。翼「出てない!」。「出てない」とは、「大丈夫」という意味なのだろう。

翼は、ラジカセを手に、階段を駆け上がって、廊下を歩きだす。そこに、1歳下の薫子がやって来た。そして、翼のもう一方の手を取った。

じつは、私は事前に、薫子に「翼を呼びにいってくれる?」と声をかけていた。(年下の薫子が

呼びにいけば、翼は〝お兄さん〟として応じてくれるのでは）と考えたからだ。

翼は、薫子の手を引いて、部屋の入口まで来る。私は、翼が部屋に入りやすいように、「みなさーん…」と声を出す。翼は、それに続いて、みんなに呼びかける。「（ラジカセが）来たよー」。そして、薫子と手をつないだまま踊りだす…。

この日から、ラジカセを運んでフォークダンスを始めるのが、翼の役割になった。

ラジカセを運ぶ。薫子の手を引く。みんなに伝える…。翼は、いくつもの支えを得て、フォークダンスに加わった。それだけに、〝お兄さん〟としての自分を深く実感できたにちがいない。

健吾に支えられ、〝お兄さん〟になっていく

階段の下が、翼・健吾の居場所に

そして、健吾（中3。自閉症）との出会いが翼をさらに大きく変えた。

最初は私が、「叱り―謝り」遊びで、2人を結びつけた。だが、そのうち健吾は、翼とともに過ごすことを、自分の役割にするようになった。

翼が落ち込んで、階段の下に寝ているとき。健吾もそばに座る。横にある棚に用紙を広げて、記号や文章を黙々と書き続ける。

おやつのときは、健吾が、階段の下に食べ物を運ぶ。2人で「いただきます」と言って、食べは

じめる…。

翼が小4、健吾が高1になったころには、階段の下がすっかり、2人の居場所になっていた。2人だけで、「うるさい！」「ごめんなさい！」と言い合って、「叱り—謝り」遊びをしている。

あるとき私は、（翼や健吾と一緒に、おやつを食べよう）と思って、階段を降りていった。すると、翼は私に言う。「あっち行ってて！」。（健吾と食べるからじゃましないで！）と言いたいのだ。（ええっ？ 去年までは私をだれよりも頼っていたのに…）。

2人のあいだには、いつしか、仲間意識のようなものが芽生えていた。同じ場所にいて、穏やかに時間を過ごせる関係が、翼には心地よいのだろうか。

〝ちぐはぐさ〟を許容できる関係

翼は、散歩のとき、「日直！」と言って、列の先頭へ走っていく。部屋の電気も、「日直！」と言って、つけてくれる。「日直」とは、学校で行っている学級活動。翼には、ちょっとした役目を果たせる「日直」が、〝お兄さん〟になれる方法として魅力的なのだろう。

「学校ごっこ、しよう」。私は、翼と健吾に呼びかける。翼が〝お兄さん〟になれる遊びを、健吾も含めてやってみようと思ったからだ。

「日直さん、お願いします！」。私は、先生になったつもりで声を出す。「学校ごっこ」の意味が伝わったかどうか、わからない。だが、翼ははりきる。「きょーつけー、れい！」。

私は、それに続ける。「1時間目は、音楽の時間です。みんなで歌いましょう。日直さん、なにがいいですか?」だが、翼は黙ったまま。私の展開についていけないようだ。

すると、健吾が口を出してきた。「長山洋子、恋酒場!」。自分が好きな歌をリクエストする。

(知らない歌だけど、健吾が乗ってきたから、とりあえず歌ってみるか)。

「では、歌いましょう!」。私は、指揮者のように手を振る。

それを見た翼は突然、両手を上に広げて歌いだした。「ホータールのひーかーりー…」。翼なりに思いついた歌らしい。

健吾も、文句も言わず、「蛍の光」を歌う。私も含めて、3人で合唱する…。

(ああ、この〝ちぐはぐさ〟を許容できる関係がいいんだ!)。

私は、〝お兄さん〟になりたい翼が、年上の健吾の働きかけを受け入れて、一緒に過ごそうとする理由がわかった気がした。健吾は、ふと困ったとき助けてくれる。健吾の思惑とちがったことをしても、つき合ってくれる…。

周りを受け止め、自分を保持する

翼は、健吾との関係が深まるにつれて、ほとんど落ち込まなくなった。

絵カルタ取りで、翼が〝読み上げ〟をしているとき。「わー!」。息吹(小1)が突然、大声をあげながら走ってきた。思いきり、絵札を蹴散らす。

薫子の手を引き、ラジカセを運ぶ

翼は唖然とする。こんなときは心が折れてしまいがち。

だが、井原やほかの職員たちは、「びっくりしたねー」と笑い合う。この場の状況をきわだたせると、翼が沈み込むことにつながると思ったからだ。

すると翼も、つられるように、手を叩いて笑いだす。息吹がまた走ってくると、声を立てて、おもしろがる。「来た、来た！」。

井原たちの対応を取り込んで、自分の気持ちを保っているのだ。

子どもと指導員が、数人ずつで外出する日のこと。朋久（小4）と青山（男性職員）が、公園に出かけようとして、土間で靴を履き替えていた。

それを見た翼も、上履きを脱ぎはじめる。（一緒に出かけよう）と言うのだ。だが青山に、「翼くんは、まだだよ」と言われてしまう。こんなときも気持ちをしぼませるはず。

ところが、だれに言うでもなく声を出す。「朋くん、行くんだ。青山さん、行くんだ」。

別の職員が、「翼くんも行く？」と聞く。翼は、きっぱり答える。「行きます！」。

出かける人たちをいったん受け入れる。そのうえで、（自分は行けない）と落胆するのではなくて、（ボクも出かけたい）と、気持ちを打ちだす…。

翼は、健吾に支えられることで、よりよく〝お兄さん〟になっていけた。そのことで、まわりの状況を受け止めて、自分を保持する力を確かにしてきたのではないか。

3節　健吾の「うたコン」騒動記

「うたコン」の〝事前学習〟

健吾が高3になった2月の、ある日。

健吾は、ゆうやけに来るなり、1枚のハガキを高く掲げる。「当たりました！」。うれしそうに、私やほかの指導員たちに見せて回る。

じつは健吾は演歌が好きだった。演歌歌手も登場する、NHKの歌謡番組「うたコン」（毎週、火曜日の夜。原宿にあるNHKホールなどから生放送）を観にいきたくて、観覧に応募するハガキを出し続けていた。その当選を知らせるハガキが届いたのだ（観覧日は1週間後。ペアで招待）。

健吾は、かなり前から私に、「うたコンが当たったら一緒に行きましょう」と言っていた。（健吾は、来月には学校を卒業する。ゆうやけも卒会となる。学校時代最後の、よい思い出になれば…）。私は、母親とも相談したうえで、健吾に伝えた。「一緒に行こう！」。

健吾は活動中、私に言ってくる。「うたコンの事前学習をします！」。用紙に、「うたコン」観覧日のスケジュール表を書いて、私に見せる。

つまり、この日は放課後、ゆうやけを休む。学校の最寄り駅（田無駅）で母親と待ち合わせる。

2/14（火） ゆうやけは休む
15：30 お母さんと合流
15：45 田無駅で着替え
16：00 田無駅出発
コンビニで夕食を買う
ＮＨＫホールで村岡さんと合流
18：15 受付開始
19：30 うたコン
20：30 終了
21：00 帰る
国分寺駅でお父さん・お母さんと合流
さよなら

着替えをして、持ち物を母親に預ける。あとは1人で、電車を乗り継いで原宿駅まで行き、ＮＨＫホールへ向かう。

私のほうは、ゆうやけの活動を早めに抜けて、ＮＨＫホールに行く。正門前で健吾と落ち合う…。

さらに健吾は、注意点を箇条書きにした表も作った。「ホール内は飲食禁止です」「決まった番号のイスに座る」「ホールに入る前にトイレに行く」「ぐあいが悪くなったら、係の人に言う」…。

こまごましたことが40項目も書いてある。いかにも健吾らしかった。

電車に乗って帰るまでは、ボクの指示で

健吾は母親に訴える。「（うたコンに）ほかの人（親以外の人）と行きたい」。直接言わないものの、（村岡さんと行きたい）という思いだった。

しかも、「（NHKホールまで）ひとりで行きます」と言う。たしかに学校には、ひとりで電車に乗って通学している。高2のときの職場実習は、所沢までひとりで電車とバスを使って通った。だが、NHKホールがある都心までひとりで行くのは初めて。母親は心配した。

それでも健吾は、「大丈夫です」と譲らない。母親は、「向こうに着いたら携帯電話で連絡する」と約束させて同意した。

当日。私は、NHKホールへ急いだ。正門に着くと、健吾のほうが私を見つけてくれた。健吾は無事に会場に到着していたのだ。

「こっち！」。健吾は、片手を挙げて、私を先導する。開場を待つ観覧者の列へと進む。その途中、係員に会うたびに挨拶する。「よろしくお願いします！」。

列の最後尾に並ぶ。寒風の中でも、すぐさま地面にシートを敷いて座る。コンビニで買った弁当を食べはじめる。

お菓子も出して、私にすすめる。「どんどん食べてください。席に着いたら食べれないから」。

30分ほど待ってホール（3500人収容）に入った。健吾は、席に着くとさっそく、ウチワ（演歌歌手の写真や名前が入ったもの）を膝の上に置く。ペンライトも両手に持つ。

ディレクターの「前説」が始まった。健吾は、話の内容はよくわからないはず。だが、会場のどよめきに合わせて拍手したり、「ウォー」と歓声をあげたり…。

開演。歌手が登場する。健吾は、ペンライトの光をつけて振る。

司会が、ある歌手に、「どうやって発声練習をしましたか?」と聞いた。その歌手は、「剣道をしていたので、声をよく出した」と答える。司会が笑って応じると、健吾も「あはは…」と声を出す。

1時間ほどの観覧が終わった。「忘れ物チェック!」。健吾は、席を立つとき、座席の下をのぞく。

ロビーに出ると、私にお礼を言う。「どうもありがとうございました」。そして、「どうでしたか?」と聞く。

私「おもしろかったよ。健吾は、どうでしたか?」。健吾「おもしろかったです」。私「なにが?」。健吾「全部!」。健吾には、何日も前から計画してきた過程のすべてが有意義だった

「うたコン」の記念写真

にちがいない。

「写真を撮ります」。健吾は、記念撮影用のパネルの前に立って、私に写真を撮らせる。

「このあと電車に乗ります。山手線と中央線で帰ります」「(国分寺駅に)お父さんとお母さんが迎えにきます」。帰り方も私に教える。

再び片手を挙げて、私をうしろに従え、原宿駅へと歩く。「電車に乗るまでは、うたコンです」。(電車に乗って帰るまでは、「うたコン」の続きのつもりで、ボクの指示に従って行動しろ)と私に伝える。

(おお、なんと頼もしい!)。

健吾は見事に、自分と私を律しながら行動していた。

親以外の人と行動したい

学校の卒業式が終わって、ゆうやけの卒会も数日後にせまった3月下旬。「うたコン」の観覧が、また当たった。

ゆうやけでは、春休み活動の最中。子どもの参加人数が多くて、私は活動を抜けられない。母親は、「何度も申し訳ない」と、ほかの職員がつき添うことも遠慮した。

結局、父親が当日の午後、仕事を休んで、健吾につき合うことにした。健吾も、そのことをいったんは了解した。

だが、前日のこと。健吾は、ゆうやけに来たとき、私につぶやいた。「村岡さん、行かない？」。やはり私と行きたいのだろう。

「ごめんね。お父さんと行っておいで」。私は、そう返すしかなかった。

そして当日。なんと健吾は、自宅で布団に潜ったまま…。「うたコン」に行かなかった。

私は夜、母親に電話をした。「きょうは、疲れました」と返事があった。「健吾を説得しても動かない。父親は、NHKホールの前で待っても健吾は来ないし、当選ハガキは健吾が持っているので会場にも入れない。仕方なく私が、健吾と兄を自宅に残して、ハガキを父親に届けました…」。

（ああ、無理してでも行けばよかった！）。私は、健吾のきょうの行動と気持ちに思いをはせて、つくづく後悔した。

健吾の、（自ら計画したい）（親以外の人と行動したい）というねがいがどれほど強いことか。それは、演歌を生で聴くより優先すべきことなのだ。

（なんていうことだ！　健吾のことを、まだ十分にわかっていなかった。もう卒会しようというのに…）。私は突然、新しい課題を突きつけられた思いがした。

そして、心の底から思った。（今度、「うたコン」に誘われたら、まちがいなく行こう。そして、「自ら計画・実行したい」という、健吾のねがいに応えよう）。

4節 「自立心」と「立ち直る心」を培う

粘り強く合意をつくりだす

健吾は、高等部卒業後、高齢者施設の清掃員として働いている。

卒会から2ヵ月経った、ある休日。有志による「外出企画」を設定した。意思が通じやすい少人数で、「どこに、どうやって出かけるか」を決めて行動する。

OBとなった健吾のほか、翼（中1）、秀人（中1）、大志（高2）、菜月（高2）、および職員数人が、ゆうやけに集まった。秀人、大志、菜月は、自分なりに意見を言える子どもたち。健吾と、ほかのメンバーたちは久しぶりに顔を合わせた。

まず、「どこに行くか」を話し合う。健吾は、「東村山のビッグエコー」と主張する。東村山駅前にあるカラオケ店で演歌を歌いたいのだろう。

菜月も賛成する。「カラオケ！　最近行ってないし」。

東村山は、ゆうやけの最寄り駅（鷹の台）から2つ目の駅。これから電車で出かければ、昼食をとってカラオケをし、夕方には十分帰ってこれる。

だが翼は、話し合いの内容がわからないのか、黙ったまま、うつむいている。健吾が、それを気づかった。「翼くんは、どこに行きたい？」。翼はつぶやく。「電車（に乗りたい）」。

一方、遠方に外出したい大志は何度も訴える。「都心に行きたい！」「高田馬場や新宿にもカラオケがある！」。

すると健吾は、カバンからスマホを取り出した。画面を見ながら話す。「高田馬場だったら、鷹の台から国分寺に行って、中野から東西線直通で行けます…」。路線案内を検索しているようだ。

だが、そのあともスマホをのぞき続けている。指導員のひとりが思わず聞いた。「なにを調べてんの？」。健吾は、「東村山」と返事する。

やはり、東村山のカラオケ店に行きたいのだ。「都心に行きたい」と言う大志の意見を聞き入れて、いったん高田馬場まで行き、それから東村山に行こう、ということらしい。

私は、「それだと時間がかかりすぎるよ」と指摘する。健吾は、考え直して言う。「都心は、（遠いので）お金（電車賃）がかかります。近いところが安い。東村山がいい」。

（おおっ！　時間だけではなくて、費用のことも考えた、説得力のある意見だ）。

「では、東村山でカラオケするのでいいですか？」。私は、みんなに聞いてみる。大志も結局、「それでいいです」と折れてくれた。

ところが、秀人が粘った。「カラオケ、キライ！」「イオン（武蔵村山にあるショッピングモール）に行きたい！」。さまざまな店舗を見て歩きたいらしい。

これに対して健吾は説明する。「東村山に（イオンはないけれど）イトーヨーカドーがあります」。

（すごい、代替案まで示すとは！）。

だが秀人は、まだ納得していない様子。私は思案した。（イオンに行くとすれば、最寄り駅がないため、私がマイクロバスを運転することになる。これだと、子どもたちはクルマに乗っているだけ。それよりは、電車を使って東村山に行き、子どもたち自身で行動させたい）。

秀人に提案してみた。「東村山に行く代わりに、お昼ご飯になにを食べるかは、秀人の希望で決めるっていうのはどう？」。「おっ！」。秀人が声を出す。気持ちが動いたらしい。

「（カラオケ店に入っても）カラオケは、やらなくてもいい？」。秀人が質問する。健吾が、私の代わりに答える。「ご自由に！」。

秀人が、考えた末に言う。「ハンバーガー（を食べたい）！」。

すると、健吾が声をあげた。「券、持ってます！」。

カバンから、割引券の付いた、マクドナルド（ハンバーガー店）のチラシを取り出して、みんなに見せる。タイミングのあまりのよさに、職員たちがドッと笑う。

健吾は、東村山でマクドナルドに行くことも頭に描いて、チラシを用意していたのだろう。

20分も続いた話し合いの結果、次のようなプログラムが決まった。進行役は健吾になった。

・東村山に電車で行く。

・昼食は、マクドナルドでハンバーガーを食べる。

・ビッグエコーでカラオケをする。
・イトーヨーカドーに立ち寄ってから帰る。

思えば健吾は、話さない翼を気づかった。ほかの子どもたちの意見も取り込みつつ、自分なりの提案をした。「高田馬場まで遠回りする」「都心は交通費がかかる」「東村山にはイトーヨーカドーがある」「カラオケをするかどうかは自由」…。（なんと粘り強く、みんなの合意をつくりだそうとしたことか！）私は、健吾の、対人関係を結ぶ力の充実ぶりに感激した。

みんなを導きつつ、〝弟分〟を支える

みんなで、ゆうやけを出発して駅まで歩く。

私は事前に、小旗を用意していた。健吾は、私と「うたコン」に行ったとき、片手を挙げて私を誘導してくれた。小旗があれば、ツアーガイドのように、道案内してくれるかもしれないからだ。

健吾は、みんなの先頭を進む。一方の手で小旗を掲げて、他方の手で翼の手を引いて…。みんなを導きつつ、〝弟分〟を支えている。健吾の今の成長を象徴する、誇らしい姿だ。

電車で東村山駅に到着。健吾は引き続き、小旗を掲げる。みんなをマクドナルドに連れていく。

昼食後、健吾は私に言う。「ビッグエコーに電話します」。カラオケ店に電話をかけて、部屋の予約をしたいのだ。私が「電話番号を知ってるの？」と聞くと、「スマホで調べます」と返す。

(果たして話が通じるのか？)。私は、不安を感じつつも任せてみる。

健吾は、スマホを操って電話をかける。「上田健吾です」「10名様です」「おタバコなしです」…。

スマホを耳にあてて、店員の問いに答える。「村岡さんに代わります」。私にスマホを渡す。

自分だけでは不確かかもしれない。だから、私にも話させようということらしい。

(さすが、他者に頼って、確かにしている！)。

ビッグエコーに入店。健吾は、1曲目に「青い山脈」を選ぶ。菜月とは、演歌「お岩木山」を2回もデュエットする。

私が翼のために予約したアニメ（アンパンマンなど）の曲もかかる。「翼くんの補助をします」。

健吾は、マイクを翼の口元に向けながら歌いだす。翼のほうも、話し合いのときとは打って変わって、明るい表情で歌っている…。

憧れが気持ちを前向きにする

帰り道。健吾は、東村山駅の次の駅で途中下車した。そのほうが自宅に近いからだ。

下車する直前、小旗を私に返す。それを翼が、すぐさま受け取る。

鷹の台駅に着いた。

翼は、プラットホームに降り立つと、サッと小旗を掲げる。大志が、それを見て、〝抗議〟する。

「健吾くんの次の年上はボク！（健吾の次に年長なのはボク。だから、ボクが小旗を持つ）」。

だが、翼は知らんぷり。晴れやかな表情で、駅から、ゆうやけまでのあいだ、小旗を手にして歩く。母親が迎えにきて帰宅するときも、母親を引率するように、小旗を持つ…。

じつは翼は、４月になってからも、ゆうやけに来るたびに、私に聞いていた。「健吾くん、来る？」。私「健吾くんは卒業したから、お休みだよ」。翼「さーしーね（寂しいね）」。

そして、健吾にやっと会えた。しかも健吾は、小旗を持って、みんなの前を歩いている。翼には、さぞかしカッコよく映ったことだろう。

（健吾のように行動したい）。憧れの心が、翼の気持ちを前向きに変えていた。

健吾は翼を導くことで、翼は健吾に導かれることで、それぞれが〝お兄さん〟になれた。

そして健吾は、私たちの思惑を超えて、自立心を立派に育んだ。自治的とも言える力も発揮した。

また翼は、ひところの落ち込みを脱して、立ち直る心を培った。憧れを胸にいだけるようにもなった。

こうした、対人関係への自信は、訓練では決して得られない。遊びや生活の中でこそ、わがものにしていける。子どもは、子ども時代の「今」を充実させることで、「自らを律する力」を獲得する。真の自立とは、大人や仲間とのあいだで依存しつつ自律する、人間的な交流の過程ではないか――。

これらのことを、健吾と翼の育ち合いが私たちに問いかけてくる。

放課後活動のよさ　その2

異年齢集団を多様につくりだせる

異年齢の子ども集団は、かつては地域社会の中に存在しました。子どもの生活が多忙化・商品化して、異年齢集団がつくりにくくなった、と指摘されて久しい。しかし、放課後活動では、その異年齢集団を無理なくつくれます。

とはいえ、一般的に、年長児が年少児にかかわることは軽視されがちです。「小さい子とばかり遊ぶなんて…。もっと、対等な友だちとかかわってほしい」などと。しかし子どもは、小さい子に寄り添おうとするとき、他者に主体的に働きかける担い手になっていきます。

じつは、「社会性」「生きる力」といった、人格面の育ちは、この「人とのかかわり」のなかで達成されます。対人関係のトラブルがあったとき、当事者同士を切り離すだけでは、本当の意味で問題は解決されていません。人間関係のなかでの課題は、人間関係のなかで克服することが必要です。

対人関係にそれぞれ課題をかかえる健吾と翼は、「導き、導かれる」関係のなかで、どちらも〝お兄さん〟になりたいねがいを実現していきました。健吾は「自らを律する力」を、また、翼は「自らを保つ力」を確かにしました。

大人の指示のもとに、みんなが一斉に行動することだけが集団活動ではない。お互いの気持ちが届き合う、少人数の集団をつくる自由度が、活動の中に必要――。健吾と翼は、そう教えてくれています。

放課後活動のよさの2つ目。それは、異年齢集団を多様につくりだせることではないでしょうか。

階段の下が、2人の居場所に

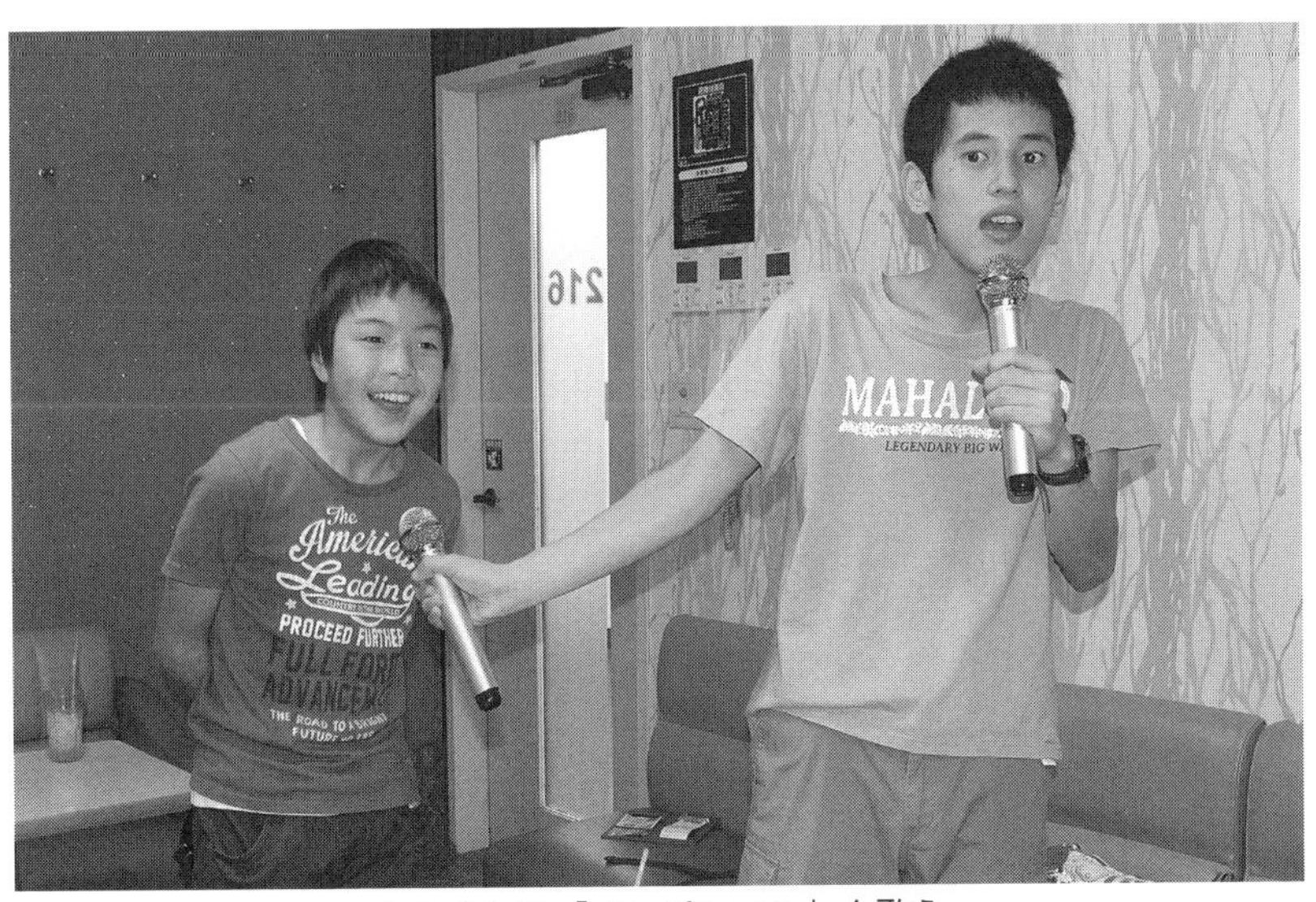

カラオケで「アンパンマン」を歌う

3章　〝ひ弱〟だった啓太が、卒業後の生活を切り拓く

心身ともに急にたくましく（高等部）

啓太（知的発達の遅れ）は1975年生まれ。ゆうやけが発足して数年後、小1のときに入会してきた。

とても〝ひ弱〟で、ときに発熱した。学校も、たびたび休んだ。「みんなのなかで揉まれて、たくましく育ってほしい」。母親は、入会にあたって、そう話していた。

相撲遊びのとき。友だちに体を少し押されただけで涙ぐむ。それでも職員が促す。「ケイコしよう」。指導員とシコを踏んで、気持ちを立て直す。

土手滑り（遊歩道沿いの斜面を、段ボールで滑り降りる）は怖くて、ただひとり、突っ立っている。だが、ボランティアのひとりが半ば強引に抱きかかえて滑ったのがきっかけで吹っ切れた。足を擦りむくほど滑るようになった。

当時のゆうやけの活動は、私も含めて、若いボランティアたちが中心。思いつきや行き過ぎもあって、不十分なものだった。それでも啓太は、参加するうち、遊び込んでいった。

特に高等部に入ってから、心身ともに急にたくましくなった。

【高1】おもちゃ店でトイレを借りる
電車を使ってひとりで、2駅先までの通学を始める。
ある日、駅を降りたら、急に腹痛に襲われた。これまで一度も入ったことがない、駅前のおもちゃ店に飛び込んだ。「トイレ貸してください！」。
知らない人に訴えでて、わが身の〝窮状〟を切り抜けた。

【高2】本格的なケンカ
ゆうやけで、アンパンマンごっこをする。「アンパーンチ！」。友だちの体にゲンコツを当てては、職員の手を引いて逃げる。
そのうち、アンパンチされた剛三（中1。知的発達の遅れ）が怒った。啓太のお尻を蹴る。啓太は、剛三の胸を突き返す…。
初めて見る、友だちとの本格的なケンカだった。

【高3】合宿で寝込まない
夏合宿（山荘などに宿泊）は毎年、参加してきた。だが合宿中、高2のときまでは必ず、ホームシックで寝込んだ。

ところが、学校時代の最後の合宿。啓太は、行きのバスの中で、私に話す。「きのう（去年）、熱出た」。私「今年は？」。啓太「熱出ない！」。

そして、本当に寝込まなかった。


自分を他者に、思いきって突き出す。そして、以前を振り返って、（今は、こうしよう）と思う。そんな力が、高等部に入って、大きく伸びた。小1から積み重ねてきた、ゆうやけでの遊びや生活がもたらしたものにちがいない。

昼休み、仲間とボール蹴り（作業所で）

高等部を卒業してからは、市内にある障害者作業所に通う。

2ヵ月ほど経って、私は作業所を訪問した。啓太は、紙のショッピングバッグの穴にヒモを通す作業をしていた。

担当の職員から、啓太の様子を聞く。「ときどき、『熱がある』『頭が痛い』と訴えます。作業にムラもあります」。

啓太は、手先が器用ではない。グチをこぼしたり、集中できなかったりするのも無理はない。

だが職員は、こうも続ける。「…でも昼休みは、仲間を誘って、中庭でボール蹴りをしています。それに、作業所を1日も休んだことがありません」。

（おお、さすが、ゆうやけ出身者！）。

啓太は昼休み、仲間と一緒に、自ら気分転換を図る。ゆうやけで培ってきた、友だちとともに遊ぶ力が見事に発揮されている。このことが、作業所への定着も助けているのだろう。

負けた「新人」が「かわいそう」（22歳）

啓太は、卒業と同時に、ゆうやけ青年クラブ（OB会）に所属していた。10数人が毎週、夕方から、学校の体育館を使ってスポーツをする。

そうした活動の中で啓太は、さらなる、たくましさとともに、優しさも身につけていった。

室内野球をする。指導員も含めて2チームに分かれ、ビニールボールをプラスチックバットで打つ。

啓太は、自分のチームが勝てば、上機嫌で帰宅していく。だが負けると、悔しくて泣きじゃくる。「何やってんだ！」。バットを振りかざして、同じチームの私を追いかけてもくる。（村岡さんがヒットを打たないから負けたんだ！）と言いたいのだ。

「ごめんなさい！　来週、頑張ります！」。私は、啓太が落ち着くまで、謝りながら逃げ回る。

すると、啓太は翌週、いっそう燃えて参加してくる。「きょうは勝つ！」。

じつは、私はときどき、わざと三振などをして、啓太のチームが勝ったり負けたりするようにし

小学生のころ

ていた。不得手な作業があっても作業所に通い続けている啓太に、（週1回は、身も心も打ち込める活動があってほしい）とねがったからだ。

こうして啓太は、自分の感情を率直に表すようになってきた。いっそう粘り強くもなった。

4月。高等部を卒業したばかりの拓実（自閉症）が青年クラブに入ってきた。

ある日のこと。啓太がキャプテンのチームと、拓実がキャプテンのチームとで室内野球をした。啓太のチームが、「8対0」の大差で勝った。啓太は、跳び上がって喜ぶ。

だが拓実は、みんなの前で、わざと逆の結果を発表する。「拓実チームの勝ちです！」。拓実もまた、負けて悔しいのだ。

すると啓太は、険しい顔をする。（拓実に文句でも言うのか？）。

ところが、壁に貼り出された得点表の前へ行く。そして、拓実チームの得点「0」の横に、マジックペンで「1」を書き加えて、「10」にする。

「8対10」—。「これだと、相手が勝っちゃうよ」。私が指摘すると、啓太は平然と答える。「新人、かわいそう」。（新人の拓実がかわいそうだから、勝たせてあげる）と言うのだ。

（ええっ？　自分のチームが負けていいんだ）。今までとは正反対の態度に、私は面食らう。

啓太はこれまで、うれしさや悔しさをたっぷり経験してきた。そして、「新人」という、配慮すべき仲間を得た。だから、自分を振り返って、その人の気持ちを推し量ろうとするのかもしれない。

啓太は、それからというもの、新年度が近づくと、私にしつこく聞くようになった。「新人来る？」青年クラブに新入会者がいるか、知りたいらしい。もしも「新人」が来たら、先輩として接してあげるつもりなのだ。

初めてのひとり外食（24歳）

ある日曜日の午前。自宅にいた啓太は母親に訴える。「ひとりでマルイ行く！」「ケーキ買ってくる！」。ひとりで、国分寺駅のマルイ百貨店まで行って、ケーキを買ってきたいらしい。

これまで、母親に連れられてマルイで買い物をしたことは何度かある。自宅から国分寺駅までは、路線バス1本で行ける。だが、国分寺駅にひとりで出かけるのは初めて。

母親は、啓太にＰＨＳを持たせる。「国分寺駅に着いたら電話するのよ」。国分寺駅から、短縮ダイヤルボタンを押して、自宅に電話するように伝える。

「バスに乗るときは回数券を出しなさい」「買い物をするときは、千円札を出して、おつりをもらいなさい」とも教える。啓太は、お金の計算ができないからだ。

出発して1時間ほど経った昼どき、啓太から電話があった。啓太「お昼、食べる」。母親「なにを食べるの？」。啓太「ラーメン」。

ひとりで飲食店に入ったことはない。だが、母親の心配をよそに、午後遅く、ケーキが入った箱を手に、無事に帰宅した。

母親が聞くと、昼食をとるため、マルイ8階の中華料理店に入ったらしい。その店のメニューには、「五目ラーメン」「海鮮ラーメン」などはあっても、単なる「ラーメン」はない。しかも、啓太はメニュー表が読めない。

「なんのラーメンを、どうやって注文したのかしら。店員さんが、『野菜が入ったのがいいですか？　お肉が入ったのがいいですか？』って聞いてくださったのかしら」。母親が、不明なところは想像で補いながら、この日の出来事を私に報告してくれた。

初めてのひとり外食。啓太には、ちょっとした冒険だったはず。計算や読字が不確かならば、なおさらそうだろう。

だが、（ひとりでやってみたい）という気持ちが醸成されてきた。長年にわたって養ってきた、対人関係の自信によって。

他者を思いやったり、自分を試したり…。そんな力が、20代をつうじて、くっきりと芽生えてきた。

ホームに苦手な人がいても（39歳）

30代の最後、市内のグループホームに入った。一軒家を改造した施設で、ほかの３人の仲間と暮らす。

ホームから作業所へは自転車で通う。月2回の週末は、自宅に帰る。

私はホームを訪れてみた。啓太の部屋は、6畳1間の個室。ベッドとテレビが置いてある。ケーブルテレビで相撲や野球、映画を観ているようだ。

本棚には、大好きな映画「男はつらいよ」のビデオテープがびっしり並んでいる。いくつも置いてある衣装ケースには、相撲、サッカー、「プリキュア」（アニメ）の本や雑誌が詰まっている。好きなモノに囲まれることで、自分の気持ちを支えているのかもしれない。休日はときどき、ヘルパーと外出して、本屋で本を買う。

たまに帰宅したとき、自分の部屋に、母親の荷物が置いてあったりすると、ホームに戻ってから嘆いて見せるらしい。「オレの部屋は、もうねえ」。

これは、「男はつらいよ」の主人公「寅さん」のセリフ。自分と同様に、たまにしか帰宅しない「寅さん」になぞらえて、（自分の部屋は、すでにホームにある）と言いたいのかもしれない。

とはいえ、ホームの世話人が教えてくれる。「ホームの中に、苦手な入居者がいる。食事は食堂でみんなとしても、それ以外は、自分の部屋で過ごしている」。

苦手な人とは、ホームで最年長の（60歳近い）高峰さん。啓太が本を買って帰ると、苦情めいたことを言う。「また、そんなもん買って！」。

啓太は、高峰さんの顔を見たくない。「つらい」「イヤだ」とこぼす。

ところで、このホームを運営する法人では、ガイドヘルパーの養成講座をしばしば開く。そのとき啓太は、受講生の外出演習の相手役として同行する。個別行動の時間になれば、さっそく、受講生を従えて本屋に行く。

講座のあとで、受講生の対応がどうだったか、感想を求められる。「話さない（話しかけてくれない）からダメだ」。辛口のコメントを返すこともある。

ホームでは、暮らしづらさが少しはあるようだ。だが、新人ヘルパーの〝相手をする〟機会があれば、はりきって役割を果たした。

先輩として後輩を導く（42歳）

青年クラブに、祐一（知的発達の遅れ）が入ってきた。啓太にとって待望の「新人」だった。

啓太は、祐一を誘ってバドミントンをする。じつは、啓太より祐一のほうがサーブをうまく打てる。それでも啓太は、祐一に打ち返してほしくて、何度もサーブを打つ。

だがシャトルは、祐一が打ちやすい位置になかなか飛んでいかない。啓太は、そばにいる女性職員の橋本に、思わず声をかける。「ちょっと強すぎた」「ごめん」…。

「私に謝らなくてもいいから、祐一くんに言ったら」。橋本が指摘すると、啓太はあわてて答える。「祐一くんに言ったんだよ！」。

祐一がようやく打ち返した。啓太は、すかさず橋本に伝える。「（祐一はバドミントンに）慣れてきたね。ボクが教えたから」。

バスケットボールをするときは、祐一と同じチームになりたがる。ボールを奪うと、祐一に手渡して、シュートをさせる。以前は自分でシュートするばかりだったのがウソのようだ。

祐一が放ったボールがゴールに入った。啓太は、またもや橋本に報告する。「うまくなったね。ボクがパスしてあげたから」。

もはや、自分のチームが勝つかどうかは、ほとんど二の次。先輩として後輩を〝指導する〟ことを励みにするようになった。

相手を気づかう力は、他者を導く力として、確かさを増した。そして、他者に働きかけることは、さまざまな生活の場面で、啓太の中心的な活動として位置づくまでになっていった。

ひとり行動が増え、意志も強く

啓太の母親に、ホームに入ってからの、啓太の変化を聞いた。

〈変化1〉　ひとり行動が増える

作業所で作る自主製品の材料を、作業所の仲間たちと、東大和市のイトーヨーカドーに購入に行った。そのとき、ヨーカドーの中に本屋があるのを見つけた。

ある日。今度は、ひとりで小平駅から電車に乗って、東大和市駅へ。駅から10分ほど歩いて、ヨーカドーの本屋に行った。以前、クルマから見た街並みの記憶と勘だけを頼りに。

ひとりで、大胆に行動することが、いっそう増えた。

〈変化２〉　思いの妨げに敏感

帰宅した、ある日のこと。本を買いに出かけようとした啓太に、母親が何気なく声をかけた。「きょうは行かないよ」。

すると、啓太は思わず、靴を母親に投げつけた。（しまった！）と思ったのか、「ごめんなさい」と、すぐに謝ったが…。気持ちの〝沸点〟が低くなって、イラつくことがある。

（自分でできる！）という自信が高まってきた。それだけに、自分の思いが妨げられることに敏感になったのかもしれない。

〈変化３〉　意思を力強く示す

高峰さんが苦手な啓太に、母親は促す。「（本を買ってきたとき文句を言われたら）言い返せばいいじゃない」。世話人も、同様にすすめる。

あるとき、啓太は高峰さんに、ついに反論した。「ボクのお金で買って、なにが悪い！」。

啓太が強く出るとは思わなかった高峰さんは、非常に驚いた。それ以来、苦言するのをパタリとやめた。啓太も、「つらい」などと言わなくなった。

周りの支えさえあれば、年長者に〝抗議〟するほど、自分の意思を力強く示せるようになった。

ときに葛藤しつつも、先輩として後輩を導いたり、新しい行動や関係に挑んだり…。あの、〝ひ弱〟だった啓太が、学校卒業後の生活を確実に切り拓いている。この背景には、小学生のときからの、長期にわたる、ゆうやけでの活動がある、と思いたい。

活動の中で、自分をのびのびと出せる。現実や他者とぶつかりながら、それに立ち向かっていける――。そんな文化や集団に出会うことで子どもは、自らの人格を育んでいく。

放課後活動は、子どもをたくましく、そして優しく成長させて、その後の人生を足元から支える。そして、青年クラブのような、学校卒業後の余暇活動も充実すれば、さらに人格に磨きをかけることができよう。

人格は、一足飛びには形成されない。ゆっくりであるほど確かに育つ。

主体的でこそ、ゆたかに生きていける

啓太の母親は話す。「お陰様で啓太には、自宅、作業所、ホームのすべてが市内にあります。啓太も私も、ゆうやけのつながりで、たくさんの友だちや知り合いがいます。私は今も、親同士で映画を観にいくなど、十分に忙しい。老け込んでいられません」。

社会に主体的であってこそ、人のゆたかなつながりの中で生きていける。そのことを、啓太と母親が教えてくれる。

放課後活動のよさ　その３
長期にわたって子どもにかかわれる

今の社会では、「できること」だけが求められがちです。しかし、たくましさや優しさなど、人間としてのゆたかな育ちこそ大切です。こうした人格の形成は、子どもの育ちを足元から支えます。ひいては、「将来の自立」を、本来の意味で準備します。

啓太の場合、家庭や学校以外に、ゆうやけの活動があったことが、学校卒業後の生活をよりよく支えたと考えられます。たとえば、作業所で、自主的に気分転換を図る。ＯＢ会で、先輩として「新人」を気づかう。グループホームで、苦手な年長者に言い返す…。

ただし、このような人格形成は、時間をかけなければ見えてきません。啓太も、長い目で見ることで、かつての〝ひ弱さ〟を乗り越えてきた、育ちの価値がいっそう鮮明になります。ひとりで外出することも、学齢期からの経験の積み重ねがあっての行動だとわかります。

学校では、進級や卒業・入学があります。しかし、放課後活動では、急がせることもなく継続的に、小さい変化をも意味づけながら、活動を組むことができます。

私は、長いあいだ、同じ子どもを見続けられる幸せを実感します。人間的なゆたかさを増すことに、年齢の制限はない―。そう、啓太は私たちに伝えてくれます。

放課後活動のよさの３つ目。それは、長期にわたって子どもの成長にかかわれることではないでしょうか。

現在　グループホームの部屋でテレビを観る

【第３部】

勇気と確信をもち、制度改善にふさわしい実践・運動を

2008年11月11日　放課後活動の制度化を求める国会緊急集会

制度化への、困難で複雑な状況

障害のある子どもにも放課後保障を。全国各地の長年の実践や運動、実態調査にもとづく研究などが結び合って、放課後活動を国レベルで制度化する機運が生まれた。

そして2004年、「障害のある子どもの放課後保障全国連絡会（全国放課後連）」が結成された。だが、厚労省の担当者は私たちに話した。「（放課後活動は）子どもがワーッと来て、ワーッと帰るところ」「オールジャパンの問題でなければ（制度化は）難しい」。

（放課後活動は、子どもが騒ぐところで、全国的な問題ではない）と言いたいのだろう。制度化など、まったく意識されていなかった。

関係者からも、面と向かって言われた。「福祉環境がきびしい今、新しい制度をつくるなど絶対無理」。

たしかに、福祉を土台から切り崩す「社会福祉基礎構造改革」という動きがあった。障害者福祉の分野では2006年、障害者自立支援法が実施された。福祉を利用すれば、原則1割の利用料を払う「応益負担」や、日割りの報酬制度が持ち込まれた（2013年、障害者総合支援法に名称が変更）。

じつは、このとき厚労省は、「児童デイサービス」という制度の「見直し」も行った。

児童デイサービスはもともと、障害のある乳幼児の療育のための制度だった。だが、学齢児を対象にした制度がないため、目的を拡大して、障害のある小学生などを対象にした放課後活動を、児童デイサービスによって運営するケースが増えてきていた。

その「見直し」とは、学齢児による児童デイサービスの活用に歯止めをかけるもの。つまり、放課後活動を行っている児童デイサービス（Ⅱ型）は、報酬の単価を大幅に引き下げる。そのうえで、３年後に廃止する――。

「児童デイサービスを、本来の、乳幼児の制度に戻す」との趣旨はうなずける。だが、他の制度がないため、やむをえず児童デイサービスを活用している放課後活動を、〝受け皿〟を用意することなく廃止に追い込むのは、あまりにも乱暴で無責任。

こうして私たちは、困難で複雑な状況に直面した。放課後活動の制度化の見通しが立たない。そのうえ、児童デイサービスⅡ型が廃止される…。

制度化問題と児童デイⅡ型問題の結合

そのため、全国放課後連の役員のあいだで、運動の方向性をなかなか見出せなかった。

「私たちの課題は、放課後活動の制度化であって、児童デイサービスⅡ型の問題にかかわる余裕はない」。制度化への道すじが見えない焦りもあってか、そうした主張もあった。だが私は、これとは別の思いをもった。

かつて東京都は、放課後活動への補助金を大幅に削る案を出した（１９９１年）。この案は、補助金の基準額を引き下げる。市が独自に行ってきた補助金の上乗せもできなくする。そうなれば、補補助金は半分以下になる。

（苦労を重ねて築いてきた、ゆうやけの歴史が壊れる！）。私は、怒りと悲しみで、体の震えが止まらなかった。今でも、そのときの記憶がよみがえってくる。（児童デイサービスⅡ型の関係者も、きっと、あのときの私と同様な思いをしているはず）。

補助金削減の問題が起こったとき、私たちは、「障害児放課後グループ連絡会・東京（放課後連・東京）」を結成した。都に働きかけ、都議会に請願を行った。その結果、補助金の削減を食い止めた。条件さえ整えば、補助金が増額される道も開けた。

苦境に直面しても、思いを重ねて、新しい運動をつくりだせる。言うなれば、ピンチはチャンスにできる。私は、そのときの教訓から、こう考えた。（放課後活動の制度化の問題と、児童デイサービスⅡ型の問題は結合すべきだ）。

そして、全国放課後連の会議で訴えた。「たしかに私たちは、制度化の出口が見えなくて、霧の立ち込める山中を歩き回っている。だが、川で溺れている人を見たら、救うべきではないか。そして、その人と一緒に出口を見つけるべきではないか」。

議論のすえ、運動方針が定まった。①児童デイサービスⅡ型は、放課後活動が制度化されるまで、報酬単価を元に戻させて、廃止させない。②児童デイサービスⅡ型の問題を根本的に解決するためにも、放課後活動を制度化させる。

私たちは緊急に、全国の関係者に、問題の概要を伝えつつ、厚労省への要望書の提出や、学習会の開催を呼びかけた。

児童デイサービスⅡ型の関係者を中心に、次々に反応が返ってきた。「知らなかった。衝撃的な内容だ」「事業所を閉鎖するしかない」「子どもの成長や職員の生活をなんと思っているのか」…。

一方、東京では、新たな困難が待ち受けていた。今後は、障害者自立支援法にもとづいて障害者福祉を行う。従って、都の補助金制度は、２００７年から5年間で廃止する。

放課後連・東京は、ただちに、補助金制度の存続を求めて動きだした。２００６年と２００８年、都議会に請願した。２０１０年には、都知事宛ての要望書（署名5万９０００筆）を提出した。

東京の関係者にとっても、補助金制度が廃止されるならば、放課後活動を国レベルで制度化することが、差し迫った課題になってきた。

放課後デイ実施――逆流の中での前進

全国放課後連は、厚労省内に設けられた「障害児支援の見直しに関する検討会」の委員などに、精力的に働きかけた。検討会でも、放課後活動が話題にのぼっていった。「放課後対策には、大きなエアポケットがある」「放課後型のデイサービスとして、新たな制度を検討すべき」…。

２００８年、全国放課後連は国会請願を行った。予想を超える、大きな反響があった。署名用紙が自主的に増し刷りされて、全国各地に広がる。連日、全国放課後連の事務局に、署名用紙の束が宅急便で届く…。なんと11万８０００筆もの署名が集まった。

同年、この請願は、衆議院・参議院の両方で採択された。放課後活動の制度化は、まさに、「オールジャパンの問題」になりえた。

これが決定打となって2010年、児童福祉法に、「放課後等デイサービス」という、新しい制度が位置づけられた。2012年には、この制度がついに実施された。

児童デイサービスⅡ型については、報酬単価を回復させるには至らなかった。だが、2008年度に限って、不十分ながらも補助金が出された。制度を廃止することも、「何もない中でフェイドアウトしない」（厚労省の担当者）として、放課後等デイサービスが実施されるまで延期された。

放課後等デイサービスは一見、児童デイサービスⅡ型から「移行」したように見える。だが、「移行」ではなくて、あくまでも「新規」の制度。このことは、当時の厚労省の資料にも書かれている。私たちの運動がなければ、児童デイサービスⅡ型が廃止されても、放課後等デイサービスの実施は決してありえなかった。

丸山啓史さん（京都教育大学）は、放課後等デイサービスの新設について、こう評している。「社会福祉基礎構造改革の進行という、権利保障に対する逆流のなかでも、放課後保障は一定の前進を実現」（『障害者問題研究』第41巻2号、2013年）。

なお、東京では、放課後連・東京による運動の結果、補助金の廃止を1年遅らせた（2011年から2012年に延期）。都の障害者福祉の基本方針を、部分的にも変更させたのは大きな出来事だった。

「福祉も商品」？

振り返れば2004年、全国放課後連が結成されたとき、多くの人が思った。「放課後活動を制度化することなどできない」。だが8年後、制度化は、形としては達成された。私たちが、制度化を追求したのは、「できそうだから」ではなくて、「そうせざるをえなかったから」にほかならない。切実なねがいにもとづく、行動の提起があれば、人は結集して大きな力になりえる。福祉行政が後退する中でも、困難は、新たな団結を生む。私は、運動のダイナミクスをあらためて実感する。

現在、放課後等デイサービスは全国で、事業所1万ヵ所、利用者17万人に達する。これは、私たちの運動がもたらしたもの。

ところが一部で、深刻な問題が起こっている。ひとつは、活動が「もうけ」の対象になっていること。「起業3年で年商3億円」「低リスク、高リターン」などという宣伝が横行する。

もうひとつは、報酬を不正に請求して処分を受ける例が続いていること。「不正が相次ぐ」「不適切な運営があとを絶たない」…。マスコミも報道を繰り返している。

今や、「福祉も商品」と見なす「もうけ主義」と、それを加速する動きが放課後活動にも流れ込んできた。

その一方、充実した活動をねがえば、苦しい財政運営を強いられる。ゆうやけでは、子どもや活動に即して、指導員を国の基準より多くしている。夏休みなどは、活動時間が朝から夕方まで及んでいる。そのため、人件費がふくらんで赤字になる。

事業所のあいだに、運営状況の著しい格差が広がっている。もうけるところと、困難に陥るところ…。

薄っぺらな「ニーズ」理解

さらに、活動の内容にも、子どもを育てることとは異質なものが入り込んできた。

ある集まりでのこと。若い職員が、自分の事業所を紹介した。「弊社では、ご利用者様のニーズにお応えしてサービスを展開しております」。まるでビジネスマンのような口調。

「具体的には、なにをしているのか？」。私が問うと、こんな返答があった。「お子様の将来の自立をめざして、ボルトをナットに入れる訓練や、挨拶をする練習をしております」。

別の学習会では、報告した若い職員に、会場から質問があった。「あなたの、仕事のやりがいはなにか？」。回答は、「仕事が賃金で評価されること」。子どもを新規に紹介したり、保護者と面談したりすればポイントが付く、出来高制の賃金になっていた。

（ああ、なんということ！）。私は、こうしたことを見聞きするたびに、胸がふさがれる思いがする。せっかく放課後活動の職員になった若者が、放課後活動の実践や、その喜びを知らないままに働いている。

「もうけ主義」の流れによって、福祉が「商品としてのサービスの売り買い」に置き換わる。そのことで、私たちの実践や労働が、本来のあり方から離れつつある。

したがって、「ニーズ」という言葉を使っても、その理解は薄っぺらなものにならざるをえない。仮に、「子どもに、将来の自立を」という、親の声があったとしても、直線的に訓練や挨拶をさせるのでは、〝問い〟と〝答え〟が近すぎる。

親のねがいを実践にくぐらせる

宏之（自閉症）は小1で、ゆうやけに入ってきた。母親から事前に要望があった。「人を叩くので、叩かせないでください」。

宏之は活動中、たしかに、私の体をパチンと叩いてくる。だが、私と目が合うと、（追いかけてほしい）と言わんばかりに、逃げるそぶりをする。

（「叩く」という行為には、他者と関係を結びたいというねがいが込められているのではないか）。

私は、宏之が叩くことを、叱ってやめさせようとはしなかった。むしろ、気持ちのやりとりをする機会としてとらえた。

「パチンしたのはだれだあ？」。

私はわざと、大げさに言いながら、宏之を抱きかかえる。グルリと振り回してから、畳の上に寝かせる。

そして、両手をかざして、（くすぐるぞ！）と何度かせまる。すると宏之は、自ら笑いだす。私は、それを待って、脇腹をくすぐる…。

こんなことを数回繰り返すと、宏之は私を叩かなくなる。（かかわってほしい）という気持ちが十分に受け止められたからだろう。

そのあと私は、みんなに、「おやつにしよう」と呼びかけた。すると宏之は、私のあとをついて歩く。私が布巾を渡せば、私と一緒にテーブルを拭く。コップの載ったトレイを持たせば、テーブルまで運ぶ。

気持ちがつうじ合う相手とは、行動をともにしたくなるにちがいない。

自分のおやつ（センベイ）を食べ終わったあとは、私のところにやって来る。手を引いて、おやつを出した部屋の前に連れていく。センベイがもっとほしいのだ。

私は、自分のズボンのポケットから、たまたま中に入れていたキーホルダーを取り出して、「これ?」と聞く。宏之「…」。次に、センベイを1枚だけ取り出して、「これ?」と聞く。（そう!）。宏之は、自分の胸をポンと叩く。

自分なりの方法で意思表示もしてくれる。

後日、母親と面談する機会があった。母親は、私の話を聞いて驚く。「ゆうやけでは叩かないんですね」。

私は、叩かせない指導をしたわけではない。いわば、叩かなくてもすむ指導をしたと言っていいかもしれない。

親の言葉を、そのまま受け入れるのでは〝御用聞き〟。そうではなくて、言葉に込められた「ねがいの切実さ」を汲み取る。そして、言葉に「託された」と言うべきねがいを、私たち自身の実践にくぐらせて受け止める――。

「ニーズに応える」とは本来、こういうことを言うのではないか。

そして、宏之のように、他者と気持ちのやりとりをする力を培う。つまり、遊び・生活をつうじて、人格を育てることが、放課後活動にふさわしい実践だと、私は考える。

2018年・報酬改定の問題

2018年、障害者福祉の報酬が改定された。放課後等デイサービスの場合、新たな基準が制度に加わった。

支援の必要性が高い（国の示した指標に該当する）子どもが半数を超える・超えないで、事業所が2つに区分される（区分1・区分2）。報酬の基本単価は、「区分1」で引き下げられた。「区分2」では、さらに大幅に引き下げられた。

ゆうやけの場合、もしも「区分2」になれば、1事業所あたりの収入は13％減。ゆうやけは、第2子どもクラブ・第3子どもクラブもある。3事業所分では、年間1千万円以上もの減収。これでは、まったく存続できない。

収入を維持しようとすれば、いくつかの条件をクリアしなければならない。まずは、とにかく、「区分1」の事業所になる。そのうえで、専門職員や児童指導員などを加配して加算を得る…。

たしかに全国放課後連は、「障害が重い（支援の必要性が高い）子どもを受け入れたり、職員を手厚くしたりしたとき、報酬上の評価をしてほしい」と求めてきた。それは、現状を維持したうえでのプラスを意味した。だが、私たちの要望は、報酬を引き下げる手段にされてしまった。

しかも、子どもへの支援の必要性を判定するのは市町村。「区分１・２」のどちらになるかという、事業所の存亡に関わる重大な事がらが、事業所自身で決められない。関係者の不満を市町村に向けさせて、こうした仕組みをつくった国の責任を覆い隠すことにもなる。

国は、「利潤を追求し、支援の質が低い事業所が増えている」ことを問題にしていた（２０１７年、財政制度等審議会）。それが、今回の報酬改定で、最も考慮すべきことだったはず。だが実際は、「もうけ主義」とは関係のない事業所までつぶされかねない。

制度を改善し、実践を創造・発信する

「もうけ主義」の出現や、事業所間の財政の格差は、決して自然現象ではない。原因の根本には、「福祉も商品」と見なす政策や、それにもとづく制度がある。

もちろん、こうした問題は、現在の福祉の全体を覆っている。〝常識的〟に考えれば、「福祉全体にかかわることをあらためるのは無理」ということになるだろう。

だが本来、子どもが発達する価値は、商品のように、金銭的な価値に置き換えることはできない。しかも、放課後等デイサービスには、「もうけ主義」がもたらす問題が集中的に現れている。

次のような制度のあり方が、いつまでも続いていいのかが問われる。

・「もうけ主義」を招き入れる〝入口〟が、最初から開いている。問題が起これば、あたかも全部がそうであるかのように描いて、「もうけ主義」とは無縁の事業所まで抑え込む。

・報酬や利用料を、毎日の実績で計算する。事業所にとっては子どもが、サービスを買う〝お客さん〟に見える。保護者にとっては事業所が、サービスを売る〝お店〟に見える（利用料の月額上限額が3万7200円の世帯は、費用の負担額も大きい）。

・国の制度であるにもかかわらず、事業所の命運が、子どもを判定する市町村の対応によって分かれてしまう。

・毎月の報酬請求などの実務に縛られる。子どもを育てる仕事に就いたはずの職員が、子どもについて語り合う時間を奪われて、事務に追われる。

横山壽一さん（社会保障論）は指摘する。「社会保障の市場化がもたらす、最も深刻な問題は、国民に市場的感覚を浸透させること」（『社会保障の再構築』、新日本出版社、2009年）。私たち自身が、「福祉も商品」と見なす感覚に慣れてしまえば、福祉を〝内側から〟崩すことになる。「放課後活動の制度化」に込めた私たちのねがいは、「福祉も商品」と見なす動きによって、半ば歪められてしまった。私たちが望む、放課後活動の制度化の実現は道半ばだと言わざるをえない。

制度の枠内でも、交渉によって、少しでも修正を得ることは必要。だが、それだけでは限界がある。制度の本質と切り結びながら、運動によって勝ち取る、長期的な課題がある。

そのための視点を提起したい。

①切実な願いを束ねる運動をつくりだして、放課後等デイサービスを、子どもを育てるにふさわしい制度へと抜本的に改正する。たとえば、次のように——。

・「もうけ主義」を、〝入口〟のところから規制する。

・事業所の報酬は、必要な人数の職員が安心して働けることから出発して定める。保護者の利用料は、廃止するか、負担の上限を引き下げる。

・市町村の判定で事業所の存亡が決まるやり方は廃止する。

・事業所が公費を請求するのは、毎月ではなくて、年数回に分ける。

②子どもの人格を育てる、放課後活動にふさわしい実践を創造して、社会に発信する（実践こそ、制度のあり方を考えたり、運動への共感を広げたりする起点となる）。

放課後活動は、形としては制度化された。だが制度を、より正しい条件のものへと仕上げていかなければならない。福祉の現状を憂う人たちと、いっそう手をつなぐ必要もある。

そのための実践と運動を進める勇気と確信が今、必要とされているのではないか。

2004年8月7日　全国放課後連結成総会（長野）

【本書を読まれる方へ】

放課後を支える職員の専門性を問いつづけて

中村尚子

実践と運動を両輪として

ゆうやけ子どもクラブの40周年という、村岡さんにとっても、「ゆうやけ」にとっても記念すべき年に、『ゆうやけで輝く子どもたち』『揺れる心が自分をつくる』につづく、村岡さんの三冊目の著作が出版された。前二作にもまして、この仕事のよろこびを放課後の仕事に携わる若い人びとに伝えたい、という村岡さんの熱い思いが伝わってくる。

村岡さんは、「障害児の放課後のことを」と乞われれば、どんなに忙しいときであっても、原稿、講演、取材と、あらゆる要請に応えてきた。村岡さんが語り、書きつづけてきたことは大きく二つにくくられる。すなわち、放課後活動の実践にかかわることと、制度づくりおよびその改善運動。二つは分かちがたいものであり、「放課後等デイサービスの質」をあえて問題にして公費を削ろうとする動きがあるいま、村岡さんは、運動を発展させることでこそ放課後等デイサービスを「子どもを育てるにふさわしい制度」にできるし、実践の質を向上させることが制度をよくする運動を広げるカギとなることに、揺るぎない確信をもっている。文字どおり実践と運動を両輪にして、放課後活動の創造と発展をめざす全国の仲間とともに奮闘している。

「めざす会子どもクラブ」で培われたもの

村岡さんの出発点は、本書「はじめに」にあるように、「めざす会子どもクラブ」にある。そこは、現在の放課後等デイサービスからは想像することもできないほど困難で、傍目には「職場」とはいえない場所だった。障害者作業所に籍を置きながらの放課後活動を経て、「正規職員」となった1986年、一時期とはいえ一人職場だった当時のことを、後に村岡さんは「一人で考えを巡らせて『職員会議』、一人で本を読んで『職員研修』」と表現している。しかし同時に「だが、孤独ではなかった」とも（『ゆうやけで輝く子どもたち』）。

「孤独」を感じることなく、放課後の活動を続けられたのはなぜだろう。私は、この時期に、「いま」につながる力の源を見ることができるように思う。

そのひとつは、障害者の生活と権利の向上をめざすという地域の要求運動のなかにつねに身を置き、「めざす会子どもクラブ」にわが子を託す親たちのねがいに耳を傾け、話し合いながら実践していたことである。そしてもうひとつ、当時から自分たちの活動を子どもの発達保障をめざす「実践」としてふりかえる努力を続けてきたことである。たとえば、当時の「めざす会子どもクラブ」は「障害を持った学童に『遊び』『集団』『経験』を保障し、放課後の生活を豊かにすること」を目的に掲げ、不十分な職員体制であったが、年齢や障害を考慮した集団編成を試みており、ボランティアにも依拠しながら多様な取り組みをしていた（全障研全国大会第19回大会レポート）。「めざす会子どもクラブ」は、障害のある子どもを「預かる場」に留まることを拒み、放課後の時間に子どもの育ちがあることを見抜いていたのである。

放課後活動の場をつくることとそこでなにをするか、よりよい活動のために大人たちはどう動く必要があるのか――このような回路で考えることを、村岡さんは放課後活動に関わったときから続けてきた。そしていつも、実践を社会に発信する努力を怠らなかった。それは、みずからの実践を総括し、問いなおす努力でもあった。

厚労省への通路での思い

「めざす会子どもクラブ」から「ゆうやけ」へと歩みつづけ、放課後活動という「未開の地」を切り開きつつあった村岡さん。全障研大会分科会でも、全国からの報告が蓄積されていく。長期休業中の取り組みが始まったところもあれば、週何回か開所するところもある。そんな中ですでに職員を配置して取り組んでいた「ゆうやけ」は常連報告者となり、やがて村岡さんは、参加者のまとめ役となっていった。

私は、そんな村岡さんを傍で見ていた、という状態だった。障害のある子どもの放課後保障全国連絡会（全国放課後連）ができるまでは…

全国放課後連の結成と以後の活動については、本書第3部にあるとおりだ。その経緯は、前二冊の著作にも記されているのだが、さらに全国放課後連のホームページの「ニュース」欄をのぞいてほしい。

全国放課後連　http://www.houkagoren.sakura.ne.jp/　→　ニュース

２００４年8月の結成記事、児童デイサービスⅡ型存続の危機、放課後制度化に向けた国会請願運動など、当時のことが蘇ってくる迫真の記事が満載だ。当時、全国放課後連の事務局長であった村岡さんの手によるものだ。

障害者自立支援法成立・施行の前後から、障害児の福祉に応益負担などが持ち込まれることに疑問をもち、関係者と運動を開始した私は、児童デイサービスⅡ型問題などで村岡さんと話し合う機会が多くなっていった。厚労省にも一緒に行き、要望書を提出したり作戦を練って係官に訴えたりした。

帰り道、村岡さんはつぶやいた。「ほんとうは実践のことだけ考えていたい…」理不尽な法制度であるがゆえに、これに抗して費やした時間のなんと膨大なことか。「もっと子どものことで時間を使いたい」という気持ちからもれたつぶやきだったに違いない。

しかし村岡さんは、運動も手放さなかった。いま本書をこう結ぶ。「制度をより正しい条件のものへと仕上げていかなければならない」「そのための実践と運動を進める勇気と確信が今、必要とされているのではないか」

子どもと親のねがいに学びつつ成長する職員

放課後や夏休みの子どもの生活の貧しさに目を向け、同時にその時間に子どものたしかな育ちを見た人びとが手探りで始めた放課後活動。それが必要な活動として社会的に認められたことによって、児童福祉法に放課後等デイサービスが明記された。しかし、法の趣旨を実施するあたって、国が示す条件と現場の間には大きな乖離がある。放課後等デイサービスの門をたたき職に就いても、職員の多くが、この仕事の真のよろこびを知ることのないまま、毎日を過ごしているかもしれない。

本書をはじめとする村岡さんの著作を貫いているのは、実践は子どもの内面をつかむことから始まるということだ。こうした理解のもとに実践することは簡単なことではない。同僚との話し合いを通じて「あの子はこう考えているのかもしれない」と思えたとき、半歩だけ進めるくらいなのかもしれない。

本書の行間から、ゆっくりでいいじゃないか、一緒に学ぼう、という村岡さんの声が聞こえてくる。「私は放課後の指導員！」と胸を張って生きる人が、一人、二人と増えることを心から願う。

（なかむら　たかこ　立正大学社会福祉学部）

おわりに——実践への信頼を力に、人間を大切にする人の輪を大きく

「はじめに」で紹介した光彦（自閉症）は、当時は小1。40年経った今は、市内のグループホームで生活しつつ、障害者作業所に通っている。

光彦の母親は、今でも私に話してくれる。「あのころは、本当にお世話になりました。光彦は、村岡さんのおかげで育ちました」。

私はこれを、赤面する思いで聞く。かつての私は、「障害児」について、なにも知らない、単なる学生。若さに任せて、光彦と一緒に屋外を走り回っていただけだ。それでも、母親の言葉に、うれしさが込みあげてくる。当時の活動が思い起こされて、懐かしさで胸が苦しいほどになる。

私たちは、そのころ、活動の拠点となる場所を持っていなかった。障害者作業所や集会施設、学校の体育館、公園などを転々として活動していた。子どもたちは、市内全域から参加してくる。親が子どもを集合場所まで連れてこれない場合もある。そのため、一部の子どもに限っては、ボランティアが自宅までクルマで迎えにいっていた。光彦も、そのひとりだった。

母親が光彦に伝える。「きょうは子どもクラブがあるよ」。言葉がほとんど理解できないと思えた光彦が、そのあと、窓の外を眺めている。クルマが来るのを心待ちにしているのだ。そのことで母親は、（光彦は、子どもクラブが楽しいんだな）と知った、と言う。

補助金の交付を求めて市議会に請願をしたときのこと。母親は自主的に、市長宛てに、3枚にもわたる手紙を出した。「親でも、子どもを見るのがたいへん。子どもクラブに、なんとか補助金を出してほしい…」。後日、市長室から母親に返事があった。「よくわかりました。安心してください」。請願は、親たちが署名運動を展開したこともあって、見事、採択された（1979年）。

現在（2018年）、第3部で述べたように、国の制度「放課後等デイサービス」に、新しい基準が加わった。そのため、ゆうやけも含めて、多くの事業所が存続の危機に至っている。

国は、「もうけ主義」の企業が入り込むことを認めておきながら、今度は、「もうけ主義」とは関係しない事業所までつぶすつもりなのか。放課後等デイサービスの制度を抜本的にあらためなければならない。とはいえ当面は、事業所の存続を左右することになる、より支援の必要な子どもの判定を市町村にし直してもらうしかない。ゆうやけでは5月末、保護者の有志が市に申し入れをした。

直前の呼びかけだったにもかかわらず、23人もの親が集まった。一人ひとりが涙ながらに訴えた。「子どもは家で、テレビなどの家具を倒したり、冷蔵庫から食べ物を出して、まき散らしたりする。そういうたいへんさを見てほしい」「国の制度を見ると、（なんのための福祉か）と思ってしまう。市としても、子どもの状況に寄り添った対応をしてほしい」…。

同席した、女性職員の櫻井が感想を話してくれた。「ふだんは控えめなお母さんたちの、切実で力強い発言を聞いて、胸が熱くなった。これまで、お母さんたちと、子どもの小さな変化を喜び合

ゆうやけ子どもクラブ40周年記念写真

ったり、悩んだりしてきたことが思い返された」。

6月最初には、市長にも直接、保護者・職員5人が申し入れた。市長とともに対応した担当部課長から、「判定をし直すことにした」という回答をもらった。

40年前も今も、実践への信頼が親を突き動かす。ゆうやけは、こうして、親の思いを原動力にして築かれてきた。

今、ゆうやけでは、「40周年コンサート」（7月8日。1200人ホール）の準備を進めている。コンサートに登場する「ゆうやけ合唱団」は、ゆうやけの子ども・保護者のほか、40人もの市民の参加を得て結成された。音楽構成劇は、「守ろう！　みんなのゆうやけ子どもクラブ」と題した。

私たち職員は、親の思いに励まされつつ、問題を広く市民にも知らせていく。そのことで、幾度も困難を乗り越えてきた。

人間を大切にする人の輪を大きくする――。私たちはこれからも、この原則をしっかり握って歩んでいきたい。

２０１８年６月　ゆうやけ子どもクラブ40周年の年に

著者　村岡真治（むらおか　しんじ）

1958年、山口県出身。1983年、上智大学外国語学部卒業。

現在、ゆうやけ子どもクラブ代表、障害のある子どもの放課後保障全国連絡会（全国放課後連）副会長。趣味は書道。

著者『ゆうやけで輝く子どもたち』『揺れる心が自分をつくる』（全障研出版部）など

本書をお買い上げいただいた方で、視覚障害により活字を読むことが困難な方のために、テキストデータを準備しています。ご希望の方は、下記の「全国障害者問題研究会出版部」までお問い合わせください。

まるごと入門　障害児の人格を育てる放課後実践

2018年８月１日　初版　第１刷発行　　＊定価はカバーに表示してあります
2022年９月15日　　　　第３刷発行

著　者　村岡真治

発行所　全国障害者問題研究会出版部
〒169-0051 東京都新宿区西早稲田２-15-10 西早稲田関口ビル４F
TEL 03(5285)2601　FAX 03(5285)2603
http://www.nginet.or.jp

印　刷　モリモト印刷

ISBN978-4-88134-665-5